小倉貞秀
Ogra Sadahide

ペルソナ概念の歴史的形成

Zur Geschichte des Wortes „persona“

古代よりカント以前まで

以文社

ペルソナ概念の歴史的形成——古代よりカント以前まで

目　次

装幀＝難波園子

ペルソナ概念の歴史的形成——古代よりカント以前まで

第一章　古代ローマにおけるペルソナ概念の形成

第一節　ラテン語ペルソナの語源的意味

ラテン語ペルソナについて、ラテン語字典によれば、いずれも次のように訳語が記されている。わが国の代表的『羅和辞典』(1)によって persona という語を引けば、訳語は次のようである。①(ギリシア俳優の)仮面、マスク。②(芝居の)役、登場人物。③役割、資格、役目、境遇、品位、体面。④位格(神の存在様式)、ペルソナ。⑤人格(個性)、法人(格)。⑥(文)人称。

ペルソナという語については、多くの辞書を一見してみても大体上のような意味が羅列してあるが、以上六つの訳語はペルソナのもつ意味が時代とともに変化していったことを物語っている。

さてまず第一に「仮面 mask, Maske, masque」という訳語が基本的意味として考察されねばならない。古代ローマの伝統によれば、俳優は昔から化粧するのが常であった。紀元前百年頃にはローマでは「仮面」が用いられるようになったと言われているが、これは既にギリシアにおいて用いられていたことである。(2)

ところでラテン語personaが何ゆえ「仮面」の意味をもつかについてしばしば引用される典拠としてゲリウス（A. Gellius, ca.123-165）の『アッティカの夜』が挙げられる。[3] それによれば、「頭と口が仮面の覆いcooperimentum personaeによってあらゆる点で覆われ、同時にただ声の発声の道が強要され、それゆえ広がって放漫にならず、ただ一つの出口において簡潔な、そして強いられた声を生ぜしめ、さらに明らかにして調べのよい響きを作るのである。かくしてあの口の着装が声を明瞭にさせて響きわたらせるのである。この原因のゆえにペルソナが語られたのである。」

以上の点よりみれば、結局ペルソナという名称は、声を取りまとめて響きをいっそう力強く明るくほとばしり出させるという性質をもった仮面ということになる。[4] また「仮面」という語はギリシア語においてπρόσωπονと言われるが、この語がローマに入ったときにはpersonaとなったと言われる。このpersonaを分解すれば、per-sono、すなわち「貫いて響く」「通して音をたてる」という意味になる。こうしたペルソナの意味はのちにボエティウス（A. M. Boethius, ca.480-ca.525）にも取りあげられているが（本書第二章第四節参照）、ここではトマスがボエティウスに言及した箇所を参照しておく。「ボエティウスは『二つの本性について』のなかで次のように述べている。ペルソナという名称は喜劇や悲劇において人物を表現した仮面personaから由来してきたと思われる。すなわちpersonaはpersonare〔通して響く〕から由来する、というのは仮面をつければ仮面のくぼみで音の響きが当然大きくなるからである。ギリシア人は実にこれら仮面

personae のことを πρόσωπα（prosopa）と呼んだ、それゆえそれは顔にかけられ、そして目の前にあって顔に被せたのである。[5]」

ところでまた「仮面」としての πρόσωπον のうちには「役割」の遂行という意味が存している。舞台における役者の被る仮面は主役であれば主役の仮面であり、脇役であれば脇役の仮面であって、それぞれが「役割」を表わしている。この「役割理論 Rollentheorie」はキケロ（M. T. Cicero, 106-43B.C.）の著作に至って顕著に現われてくる。[6] 例えば彼の哲学的著作のうち最大なものである『義務論 De officiis』をまず取りあげ、その若干の表現をみてみよう。

「しかし詩人たちは各人にふさわしいものを役割に従って ex persona 判断するであろう。しかし自然そのものは残余の生物たち以上の優位と卓越さを備えた役割をわれわれにあてがった nobis personam imposuit。それゆえ詩人たちは多種多様な役割のうちで in magna varietate personarum、悪しき者に対してすら、何がふさわしく、適しているかを観察するであろう」(I.XXVIII)。ここでは自然がわれわれに与えた役割を現実の人生において忠実に実行することが、われわれの倫理的使命となるのである。それはちょうど劇の役割を意味するペルソナが倫理的意味を得てくるのである。

「どれほどの役割をわれわれが欲するか quam personam velimus はわれわれの意志に由来する」(XXXII)。

「役割・時勢・年齢に何が適合し、ふさわしいかが問われるときに、通常義務が発見される」

（XXXIV）。

なおキケロの作品のうち上記『義務論』に次いで、ギリシア以来論じられてきた『友愛論 De amicitia』があるが、そこでもペルソナ概念は役者という役割の意味を有している。

「あの年齢について論じるためには、最も長く老境を経て、かつまた老境において他の人びとよりも優って栄えていた人ほど適当な役 apta persona はないと思われたのである」（I,4）。

「例えば芝居においてすら当面の最も愚かな役 stultissima persona は不注意なだまされ易い老人の役である」（XXVI, 100）。

またキケロにおいてもペルソナの本来の語義、「仮面」という意味でこの語が使用されている箇所も見いだされる。例えば、「哲学者の仮面を personam philosophi 身につけているエピクロス」（Tusc. disp. V. XXVI, 73.）というような場合である。

第二節　ストア学派のペルソナ概念の把握とローマ法

以上のような「役割」としての πρόσωπον, persona の意義は、さらに下ってエピクテトス（Epiktētos, ca.55-ca.136）にもみられる。このストア学派の思想家には『要録 Enchiridion』という著述が残されているが、そのなかで次のように言われている箇所を引用しておく。[7]「君は名人 διδάσκαλος の欲する役を演じる者であることを覚えておきなさい。……もし彼が、君が貧しい者を演じることを欲するなら、君はそれを似つかわしく演じるように気を使いなさい。演じる役が足の不自由な者でも、役人でも私人でも同じことである。というのも与えられた役割 πρόσωπον を見事に演じることが君のなすべきことだ」(Kap.17)。またこれと同じような意味で次のようにも言われている、「君が君の能力を超えた役割を引き受けるならば、君はそれをまずく不器用に演じることであろうし、君の果たしうる他の役をもゆるがせにするであろう」(Kap.37)。ここでは既にキケロにおいてみられたペルソナ＝役割という意味がくみとられるであろう。エピクテトスにとっては「与えられた役割を見事に演じること」が、彼が迫害の生活の中から獲得した思想であった。それは宇宙の摂理を全面的に信頼し、一切を神の事業にまかせ、自分の能力に応じた役割をそのつど遂行することが彼の体得した思想であったのである。

ところでヘレニズム時代を代表する哲学であるストア哲学は、この時代を反映するコスモポリタニズム的性格に立って民族的・身分的な差別を超越するものとしての人間自体を思惟するに至り、この人間に内在する本性を表わすためにペルソナという表現を用いることになる。ちょうど役者が自分に割り当てられた役割を巧みに演じるように、現実の人生において自己の果たすべき義務を見事に実現することは各人の道徳的使命である。それは既に述べられたエピクテトスの思想でもあった。エピクテトスに先立って、例えばセネカ(L. A. Seneca, B.C.5-A.D.65)にとっては、ストア的要求として「役割を演じること」が同時に「人間として振舞うこと」であった。すなわち、»unam personam agere« は »unum hominem agere« として表現されることになる。[8] ペルソナをもって直ちに homo（人・人間）と同一視する言語使用についてはセネカの次の表現を参考までにあげておく。

「人の怒りを静めることのできるほどの人 tanta persona でなければ、君はつまりはへつらって色々と彼に近づくであろう」(De ira, III,40)。「この徳のあるべき場所は無欲の人において in persona である」(De clementia, I,1)。

ところで舞台において役者によって演じられる「役割」という言葉、つまり「役割を演じる personam agere」という用法は法律用語の領域においても用いられるようになる。すなわち、法廷における訴訟の進行は、現実の人生模様を表わすという点においては、舞台における人生の虚構とは異なった趣を有するにしても、しかし舞台において役者がそれぞれの「役割」を演じるように、原告・被告・裁判官・弁護人・証人などが裁判というドラマにおいて、さまざまな役割を表出するのである。特に古代ローマにおいては、訴訟の手続きは民衆の面前で文字通りに公開され、人びとは裁判の進行を観劇的興味をもって見守ったと言われている。(9) このように劇的用語として「仮面」を意味したペルソナが「役割」という意味に転用されて、しかもそれが法律用語として使用されたことが注目されるのである。例えばその表現としては「主役 persona domini」である「検事 cognitor」「弁護士 procurator」などである。

ところでローマ法は persona という語の使用において一歩を進めたと言われている。特に特殊な役割を演じる人としての persona が、特殊的性格を失って人間一般を意味するに至ったことは、既にセネカの用法においてわれわれの知ったことである。ローマ法においては本来の意味において法（権利）を有しうるのは人間だけであって、事物ではないという考え方が存している。したがって persona、すなわちここでは人間一般は、res、すなわち物一般と対立することとなり、法律用語としても persona は res と対立する。例えばガイウス（J. Gaius, ca.110-180）は「ところでわれわれの使用するすべての法は、あるいは人 persona にかかわり、あるいは物 res にかかわり、あるいは訴訟 actio にかかわる」と言い、「人の法 ius personarum」というときには、人の中には自由人も奴隷も属していると言っている。[10] ここでは人間関係における特殊な差別はなくなって、persona は人間一般という表象の中に色あせていったと言ってよい。そしてまたストア哲学におけるペルソナ概念がローマ法の人の法に対しても影響を与えたと言われるのである。

しかしながらローマ法において persona が人間一般となり、人の法の中に自由人と奴隷とが包括されたといっても、それは次第に消え失せて権利能力を有する自由人のみが persona と言われるという傾向が顕著となり、奴隷はいかなる権利をももたないということがしばしば語られ、特にユスティニアーヌス帝（F. P. S. Justinianus, 483-565. 東ローマ皇帝 527-565. 法典成立 ca.534）以後においては奴隷は persona ではないということが教条 Doktrin となったと言われる。だから当時のギリシア語表現においては奴隷は ἀπρόσωπος であると訳されている。奴隷は res であり、「ペルソナは市民の地位を備えた人である。Persona est homo statu civili praeditus」そして自由であることがその特性である。[11] カントがのちに persona と res (Sache) とを対立させて、Sache をもって単なる手段として規定し、Personを自由であるとし、目的自体として規定したのもこうした伝統に立っていよう。しかしカントは市民階級の政治的立場を代表する近代の自然法学者の立場に立脚するから、理性的存在者としての人間は生まれながら平等にして自然権の主体であるとした。

ところで今日の文法学の概念である「人称」は劇における対話の展開に応じて、ギリシアにおいてはπρόσωπονという表現が使用された。話し手の役割が「三つの役割πρόσωπα τρία」として表わされ、「我・汝・彼」などが第一人称・第二人称・第三人称などを表わすことになる。つまり、まず最初に登場する仮面から発話されるのであるが、それは第一の仮面であり、それによって話しかけられるのが第二の仮面である。ローマの文法学者も再びpersonaに同じ表現を与えた。例えば「語る人、話しかけられる人、話題にされる人というようにpersonaの本性は三通りである。[12]」以上のようにpersonaという語は法律の世界においても一歩進められていったのである。

第二章　キリスト教及びその伝統におけるペルソナ概念

第一節　「新約聖書」におけるペルソナ概念

さて「仮面」としてのπρόσωπονのうちには既に明らかにされたように、「役割」の遂行という意味が存していると言われたわけであるが、ここでは『新約聖書』の表現を取りあげてみることにする。[1] もとよりこの聖書はギリシア語原文に成るものであるが、われわれの当面の課題である「ペルソナ」という語は聖書におけるギリシア語πρόσωπονの訳語である。しかもこのギリシア語表現は旧約のヘブライ語 panim の再現であり、panim は「人間の顔」や「生命をもたないもろもろの対象の正面」を指示する言葉であったと言われる。[2]「人間の顔 πρόσωπον ἀνθρώπου ＝ persona hominis」という表現が使われている聖書の箇所を試みに示してみるが、一応訳語として「人の顔色」という語を用いた。

「師よ、あなたは誠実な方で、真実の心で神の道を教え、だれにも遠慮されないことをわれわれは知っています。あなたは人の顔色を見られないからです。οὐ γὰρ βλέπεις εἰς πρόσωπον ἀνθρώπων. non enim respicis personam hominum.」（マタイ、二二の一六。傍点は筆者）。

「神は人の顔色を受けとられない。πρόσωπον θεὸς ἀνθρώπου οὐ λαμβάνει. Deus personam hominis non accipit.」（ガラテア、二の六）。

以上 πρόσωπον（persona）は人の顔・仮面・外面を表わすとともに「役割」の意味をも有することは既に明らかにされたことであるが、「役割・地位」の面からみれば、ユダヤ人とかギリシア人とかというように、国民的な面が存するし、社会的にはさまざまな「地位・身分」が存している。しかし神はそうした「役割・地位」などを全く問題とせず、公平に判断し給うことが重要であった。

「すべて善をなす人にはまずユダヤ人にもギリシア人にも光栄と名誉と平安があり、神においては不公平は存しない。οὐ γάρ ἐστιν προσωπολημψία παρὰ τῷ θεῷ. non enim est acceptio personarum apud Deum.」（ローマ、二の一一。傍点は筆者）。ここで「不公平」と訳したのは、ギリシア語 προσωπολημψία、ラテン語では acceptio personarum である。ギリシア語表現は旧約聖書のヘブライ語を基層としての再現であると言われ[3]、特にルター以来、聖書のヴルガタ訳 »acceptio personarum« は独訳においては、»Ansehen der Person«、または »auf die Person achten« とされ、キリスト教はこうした「偏頗」「不公平」を禁止するがゆえに、ドイツ語 »ohne Ansehen der Person«（「公平に」「人格・地位など問題とせず」）はキリスト教の普遍性を強調している。

以下の聖書の表現も上記の趣旨と同様である。

「師よ、あなたは正しく語られ、教えられ不公平をされないことをわれわれは知っています。οὐ λαμβάνεις πρόσωπον. non accipis personam.」（ルカ、二〇の二一。傍点は筆者）。

「私は今まことに知っている、神は不公平をされるのではないことを。οὐκ ἔστιν προσωπολήμπτης ὁ θεός. non est personarum acceptor Deus.」（使徒行伝、一〇の三四。傍点は筆者）。

以上われわれはギリシア語原典により成る新約聖書のラテン語訳（ヴルガタ訳）に注目して πρόσωπον = persona の有する意味を明らかにしたのである。

第二節　テルトゥリアヌス

ところでキリスト教のペルソナ概念の発展にとって最も重要なきっかけを与えた一つとして古代の文法学があげられるが、既に第一章第二節において、それは述べられた。すなわち、「我・汝・彼」という三つの役割論が聖書釈義の中に取り入れられた。したがって結局ペルソナ概念はキリスト教の教義の中に坐を占めることになる。特に語る者のほかには少なくともさらに話しかけられる者がいなくてはならないという考え方に立つとき、例えばテルトゥリアヌスが引き合いに出される。テルトゥリアヌス（Q. S. F. Tertullianus, ca.160-222）は生涯は余り明らかではなく、生没年も明確ではない。カルタゴの出身であるが、一九六年ごろからキリスト教徒として著作活動を開始する。ラテン語で著作したキリスト教の最初の作者である。二〇六年ごろまでカルタゴのカトリック教会の指導者であるが、いつカルタゴにキリスト教が伝えられたかは明らかではないと言われる。

さてテルトゥリアヌスは伝統的なローマの言語使用の意味におけるペルソナ（役割）に対して一定の内容を与えんとしたのであるが、彼の著書『プラクセアスに対する反駁書 Liber Adversus Praxeam』[4]は「父」と「子」と「聖霊」をペルソナとして規定し、それぞれが同一の神的本質を表わす個体であるとは考えず、全く別個のペルソナを形成するとする。すなわち、唯一の個体としての神的本質が、父・子・聖霊として「分割 divisio」の上からみられるのではなく、それぞれが別個の「役割」を果たすというような「区別 distinctio」の上から提示されるのである。この「分割」と「区別」との相対立する概念はテルトゥリアヌスが自説を主張するために特に使用するものである。彼は「父と子と聖霊」が「どのようにして三つという数を分割することなく許容されるのか」を明らかにせんとするのであるが、彼にとっては「父と子と聖霊」という「すべては一人の神から、すなわち実体の統一性を通して per unitatem substantiae 生じるのであり、」すべて本質は一であって、「これに対して三というのは、固有性質 status についてではなく、立場 gradus についてであり、実体についてではなく、形相 forma についてであり、力 potestas についてではなく、特殊存在 species についてであって、さらにこの三つは一つの実体、一つの固有性質、一つの力に属している。というのも神は一つであるが、この神からこのさい父と子と聖霊の名において、立場と形相と特殊存在とが生じると考えられるからである」(C.2)。

ここでテルトゥリアヌスは一者としての神を実体の統一性として規定し、その統一性を「固有性質・実体・力 status, substantia, potestas」と表現し、その統一性から生じる三つのものを「立場・形相・特殊存在 gradus, forma, species」と規定している。[5]こうした後者の三が前者の一の「分割」ではないことを彼はさらに強調する。ところで「単純な人たち」は「統一性がそれ自身の中から三位一体を導き出し、それによって統一性は否定されず、管理されているときに、三位一体の数と配分を統一性の分割であると思いこんでいる」(C.3)。だから彼らはわれわれが三人の神を公表していると言いふらし、自分たちこそ唯一の神の敬愛者であると思いこんでいる。そして彼らは言う、「われわれはモナルキア monarchia(単一支配)を保持している」と。しかしテルトゥリアヌスは神と子と聖霊とのいわゆる「三位一体 trinitas」を教えるにしても、この場合においても神的実体の三つのペルソナ(三位格)の想定は神の「モナルキア」を危うくしないことを解明しようとする。彼はみずからの基本的見解を現実のローマ帝国の君主制をモデルとして具体的に説明する。つまり「私が支配権を語る場合、……その支配者が自分のために役人として登用した最も近い関係にある他の人物によってさえ etiam per alias praximas personas 管理されないようなどんな支配権をも語るものではない」(ib.)。すなわち、親近関係にある人物(ペルソナ)によって管理されても、その国が分割されるわけではない。特にこのことをテルトゥリアヌスは、父と子との関係について次のように語る。君主国を占有する君主がその子を有するとした場合、その子を国政に参加させても、その国が即座に分割されるということはない。むしろその国はその子を国政に参加させる君主に依然として帰属している。その限りにおいては非常に密接に相互に結ばれている二人が公職に携わる場合にも、その国は依然変わることのない君主国である。ここで言われているように、帝国の支配者は依然として父であり、その子が国政に参加する場合、子は課せられた役割を果たすのである。したがってそれぞれが父の役割・子の役割を担うことになる。ここでテルトゥリアヌスが強調したことは、父と子と聖霊との三つのペルソナ（位格）の想定が神の「モナルキア」を危うくしないということである。「それゆえモナルキアが今は子の手中にあるにしても、モナルキアにとって子は妨げにならないとわれわれは認識している。というのはそれが本質的に子の手中にあっても、いつかその統治組織を備えたまま、子から父へと返還されるのだから。このように、モナルキアを父から子へ委ね、いつかあるとき子から父へ返還されることが確定しているから、そうした子を引き入れたとしても、このことのために誰もモナルキアを破壊することはないであろう」(C.4)。

以上のように三つのペルソナの想定は神のモナルキアを危うくするものではなく、「三位一体の数が単純な統一性の中に結び合わされている」ことが重要であった。しかも一なる神は実体であるにしても、三つは「実体の名の下にではなく、ペルソナ（位格）の名の下に言われるのであり、分割に関してではなく、区別について言われるのである。」一なる神は語る場合にも「三位一体の統一性から語りかけていた。」だから単数である者が「われわれはわれわれの像、われわれの似姿として人間を造ろう」（創世記、第一章二六）というように、複数形で語ったのは、次のように説明される。すなわち、「確かに既に子は第二のペルソナ（位格）、父の言葉であって、父に付随し、そして第三のペルソナ（位格）、すなわち言葉の中の霊は父に付随したので、神は〈われわれは造ろう〉とか〈われわれの〉とか複数形で語ったのである」（以上C.12参照）。

ともかくテルトゥリアヌスは「私は結合された三の中に一実体があるという立場を至るところで固持している」（C.12）と言う。したがって彼は単一なる実体と三つのペルソナとの区別を認め、のちには「一実体―三ペルソナ」という方式は彼に帰せられることになる。この方式はのちにはアウグスティヌスにおいて「一本質―三ペルソナ」として継承されるのである（次節参照）。テルトゥリアヌスはのちにキリスト教の用語となる「三位一体trinitas」という用語を初めて使用し、いわゆる父・子・霊のおのおのをペルソナとして規定し、「三位一体」論の釈義の先駆者となり、ラテン語の神学用語の成立に多大な貢献をしたとも言われるのである。彼のペルソナ概念の把握について言えば、彼は話者の役割という文法的概念を聖書釈義の中に取り入れたと言ってよい。われわれが上来考察してきた『プラクセアスに対する反駁書』において、彼は初めてペルソナ概念の用法として三位一体のおのおのの存在をペルソナとして規定したのであるが、こうした用法においてこの語が用いられている箇所が最も多く、その場合には通常「位格」という訳語が適当とされている。しかし以上のような「位格」を意味するペルソナの用法のほかに、彼に至るまでのこの語の従来の用法がその根底にあったことは言うまでもない。

ところでペルソナの語の語源を辿るとき、劇的用語としての「仮面」を意味したこの語が「役割」の意味に転じ、さらには劇に現われる「登場人物」、さらには単なる「人」を意味するに至ったことは既に述べられたとおりである。こうした一般的用法は上掲書においても見いだされるが、特に「人」「人物」という意味での用法はなおも生きている。例えば既に引用された次の語句「最も近い関係にある別の人物 alia persona」(C.3)とか、また「いっそうすぐれた人物 majore persona」(C.14)とかが見いだされるし、他にも C.6,11,23 などが参照される。

なおペルソナという語に「仮面」「顔」という意味の存することはテルトゥリアヌスも十分知っていたと思われるが、彼はペルソナをマスクの意味においてはけっして用いなかったと言われる。(6)

要するに上記論文においてはテルトゥリアヌスはペルソナという表現を神性における「三一性 Dreiheit」と見なし、神的法廷におけるそれぞれのペルソナの関係をどのように考うべきかという問題を提起したのであるが、「三位一体(三一性)trinitas」という語は、既に述べられたように彼において初めて見いだされたものである。彼は上掲論文以後ではこの語についてはそれ以上には書かなかったと言われるが、しかし三位一体のおのおのの独自性を示すものとして使用されたこのペルソナという語はのちにローマ教会の公の教義的表現語となり、テルトゥリアヌス以来、教父たちによって用いられることになっていくのである。こうした新しい神学的用語として形成されていけば、以前その語の古い意味であった「仮面」の意味は薄らいでしまうのである。

ところで「三位一体」の問題は、その後キリスト論とともにさまざまに論議されたのであるが、ここではペルソナ概念との関係について若干言及しておく。さて東方のギリシア教会と西方のローマ教会との対立について言えば、東方教会は豊かな哲学的伝統に従って、神と子と聖霊に対して三つのὑπόστασις（自存体）という概念を優先的に扱い、唯一の神的本質οὐσίαが三つのὑπόστασιςと同一本質であるとした。これに対して最高統一としての具体的存在である神が創造において三つのペルソナとして発展していくのであるが、父と子と聖霊とはこうした最高統一の相異なった啓示形態にすぎないという教説が西方ローマ教会の見解となる。これは既にテルトゥリアヌスを手本として神と子と聖霊とをペルソナとして性格づけることであった。この三つのペルソナ（三位格）を包括する一者に対する表現としてはsubstantiaという語が定着した。このsubstantiaという語は既にοὐσίαを表現するのを常としたが、それに従って言えばὑπόστασίςに対するぴったりした表現はもはや考察されなかった。むしろペルソナという表現はそれの代用品の役を果たしていた。第四世紀においては、東方の神学者たちも、彼らになじみのあるὑπόστασίςを西方教会のカテゴリーであるペルソナ（πρόσωπον）と同一視し始めていたと言われる。特にカルケドン会議（四五一年）以来ὑπόστασίςとπρόσωπονとは公式には同義語と見なされたのである。(7)

第三節　アウグスティヌス

さてテルトゥリアヌス以後、三位一体の問題はその後の神学者たちによって徹底的に解明されたのであるが、特にここではアウグスティヌス（A. Augstinus, 354-430）の大著『三位一体論 De Trinitate』[8]を中心として考察する。アウグスティヌスは三位一体を構成する「父・子・聖霊 Pater, Filius, Spiritus sanctus」についてそれぞれを「実体 substantia」という表現で呼ばず、ペルソナという表現を用いることは、テルトゥリアヌスの「一本質あるいは一実体、三ペルソナ una substantia-tres personae」という法式が生かされていることになる（本書二四ページ参照）。神は実体であり、本質である。「神は疑いもなく実体であり、もっと適切に呼ばれるならば、ギリシア人の οὐσία と称する本質 essentia である。」神以外に実体とか本質とか言われるものは偶有性 accidentia をもっているが、神にはそうしたものはなく、神なる実体、あるいは本質は「不変的 incommutabilis」である。変化の可能性を全くもたないもののみが真に存在すると言われるのである。「存在する esse」ということから essentia（本質）は由来するのである。神こそ最高にして最も真なる意味において「ある」と言われるのである。神は「我はありてある者である Ego sum qui sum.」（出エジプト記、三ノ一四）と言われるのである。（以上の叙述についてはV,2を参照）。

　ところで本質と言うも実体と言うも同じ意味なのであるが、「われわれはあえて一本質三実体 una essentia tres substantiae とは言わず、これに反して一本質、あるいは一実体、三ペルソナ una essentia vel substantia, tres personae と言うのである。」ここではギリシア人における ὑπόστασις はペルソナという表現にとって代えられる。ラテン作家たちは「言葉で言い表わせないで理解したことを言葉によって表現するのにこれ以上ぴったりした別の言い表わし方を探り当てなかった。」実際、父は子ではなく、子は父ではなく、更に神の贈りものとも呼ばれる聖霊は父でも子でもないから、確かにそれらは「三つのもの」である（V,9）。この三つのものとは何であるかと言えば、「三つの実体」というギリシア的表現は斥けられて、「三つのペルソナ」というテルトゥリアヌス以来の表現に落ち着くが、しかし聖書を見ても「どこにも神における三つのペルソナを語っていない。」だからと言って「三つの本質」と言うことも許されない。「三つの本質 tres essentiae と言うことを恐れるのは、あの神の最高の同等のものの中には何かある相違があるなどと理解されてはならないからである。それに対して、ある三つのものが存在しないとは言うことができなかったのである。」確かに聖書によって知られるように、父と子と聖霊が存在し、子は父と同じではなく、聖霊は父と子とも同じではないことを敬虔に信じなければならない。

アウグスティヌスはこれら三つのものを何と言うべきかと求めて、「実体あるいはペルソナ」という名称をあげるが、それについて語る、「こうしてそこでは一つの本質と呼ばれることによって、統一性が理解されるのみならず、三つの実体、あるいは三つのペルソナと呼ばれることによって、三位一体 trinitas が理解されるのである」（VII,4）。しかし三つのものを実体と呼ぶのは適当ではないと思われるから、「恐らくは三実体というよりも三ペルソナと呼ばれる方が適当であろう」(VII,5)。

さて三位一体は「一つの偉大な、善き、永遠な、全能の神であると言われる」(V,11) のであるが、この一つの神が三つのペルソナと呼ばれた。アウグスティヌスはこの一つの神の三つのものを特徴づけるために何らかの言葉を必要とした。そこでは既に伝統的となっているペルソナ概念を用いることになった。この概念は既に明らかにされてきたように、「仮面」から「役割」の意味をもつようになり、更には「物」に対する「人」一般の意味さえもつに至った。ペルソナという語に、人間的な意味が伴うことは既に承認されていたから、アウグスティヌスはそうした人間的意味を避けることになる。彼は『説教集 Sermo』の中で「私は父と子と聖霊におけるペルソナを人間的なペルソナのようには呼ばない」と語っている。[9] また彼においてはペルソナには「役割」という意味は遠のいていた。

ところで小アジア東部のカッパドキアの神学者たちは神の三つのペルソナ(三位格)を相互に区別するものを積極的に規定せんと努力し、彼らの達した帰結は、おのおののヒュポスタシス(ペルソナ)の特性はそれぞれのヒュポスタシスが他のヒュポスタシスとの関係に基づくということであった。例えば父という名称は子という名称との関係において語られるというがごとくである。三つのペルソナの相互関係から結果する特殊相はさまざまな比喩によって具体的に説明された。例えば父と子と聖霊とは太陽と光と輝き、根と幹と実などの関係に等しいというように説明されている。しかしこうした比喩的表現は既にテルトゥリアヌスによって述べられていたことで

ある。(10)

ところでアウグスティヌスもまたその著『三位一体論』において、三つのペルソナを「関係 relatio」として捉えようとした。「父が父と言われるのはただ彼にとって子が存在するということによってであり、そして子と言われるのはただ彼が父を有するということによってであり、このことは実体に従って言われるのではない。……父と呼ばれ子と呼ばれることは永遠にして不変であるから、このことは偶有性 accidens によるのではない。それだからこそ父であることと子であることとは異なっているにしても、しかし異なった実体ではない。なぜなら父であり、子であるということは実体によって呼ばれるのではなくて、関係によって呼ばれるのであるから、しかしこの関係は可変的ではないから、偶有性ではない」(V,5)。ここでのように三つのペルソナは「実体的でなく、関係的に relative, non substantialiter」言われたのであるが、「聖霊」に関しても次のように言われる、「けだし父は霊であり、子も霊であり、そして父は聖 sanctus であり、子も聖である。したがって父と子と聖霊は一つの神であり、確かに神は聖にして霊であるから、聖霊は三位一体と呼ばれうるのである。……独自に聖霊と呼ばれる霊においては、父と子に関係づけられる際には、関係的に呼ばれるのである、それというのも聖霊は父と子との霊であるからである」(V,11)。これらの関係は不変の関係を言い表わしているのであって、神のペルソナは本質的には同等であるにしても、永遠の区別を基礎づけている。それは神の存在に内在せる実在的関係である。(11)

第四節　ボエティウス

さてキリストにおける神性と人間性との結合の可能性、両者が結合して一つのペルソナをなす理由の問題は五世紀・六世紀の主要な神学的問題となった。このキリスト論に関する論争は長く続いたが、これらについては二つの学派の対立があげられる。今ここでは本節で問題とするボエティウスに従ってエウテュケースとネストリウスとの対立を取りあげることとする。エウテュケース（Eutyches, ca.378-454）はとりわけアレクサンドリア神学に属し、アタナシウス（Athanasius, 293-373）の教説に基づき、キリストにおける神と人との完全な一致を認め、キリストを厳密な意味における「神人」として、父と子との本質的同一性を主張する。彼は「主は結合以前には二つの本性 natura を有したが、結合後は一つの本性しか有しない」とする。したがって彼はキリスト「単性論 monophysitism」の創始者である。

他方アンティオキア神学の伝統に従ったネストリウス（Nestorius, ca.381-ca.451）はキリストにおける神性と人間性との二つの本性の考えを正当にも保持して、二つのペルソナが存するとする。しかし四五一年カルケドンの会議においてキリストは一つのペルソナであるが、しかも神性と人間性を備え、両者は混同されないという「単一ペルソナにおける両性 duae naturae in una persona」の説が正統的とされた。このカルケドン会議の信条はいずれかと言えば後者に近かった。しかし以上の問題はキリスト教の教義史の範囲に属することであるから、われわれは言及する余地はない。ともかくナトゥラ概念とペルソナ概念とは相互に結びつけられているわけではあるが、特に一格両性の説に表わされているキリスト論の二つの主要概念を解明するためにはボエティウスにまで至らねばならない。

ボエティウス（A. M. S. Boethius, ca.480-ca.524）は最後のローマ人にして、最初のスコラ学者と言われる。すなわち、アリストテレスの思想を中世スコラ学へ媒介し、スコラ学の形成に寄すること絶大であったと言われる。トマス・アクィナスもわれわれがのちに述べるように、ボエティウスのナトゥラやペルソナの概念規定に基づいてみずからの論を進めているほどである。ボエティウスはその著『ペルソナと二つの本性についての書、エウテュケースとネストリウス駁論 Liber de persona et duabus naturis, contra Eutychen et Nestorium』（512）[12]において本性 natura とペルソナとの概念規定を行い、併せてわれわれが上にあげたキリスト論におけるエウテュケースとネストリウスとの見解に対して論駁している。既に述べられたように、エウテュケースは結合以後は一つの本性のみを認め、神と人との本質的同一性を主張する。これに対してネストリウスはキリストにおける二重性を認め、すべての本性においてペルソナを語りうるとし、二つのペルソナが存するとする。こうしたいわば「単性論 monophysitism」と「両性論 Duophysitism」との二つの主張に対するボエティウスの見解が論究されねばならない。

さてエウテュケースはキリストは一つのペルソナであると正当にも信じつつ、また一つの本性が存するとする。しかし神の本性と人間の本性は異なるものであるから、何ゆえキリストの本性は一つであると言えるのか。これに対して彼は次のように承認する。「キリストにおける二つの本性は結合以前ante adunationemであって、結合以後は実に一つである」と（C.5）。この結合は「誕生（妊娠）generatio」の時に生じたか、それとも「復活resurrectio」の時に生じたか、いずれかである。前者の場合ならば、誕生以前に彼はマリアからではなくて、別の仕方で準備された人間の肉を有していたということになろう。既に存在していたこの肉は神性の実体とは離れていた。しかし彼が処女マリアから生まれた時、神と結合され、その結果本性naturaは一つになったと思われる。あるいはまたエウテュケースは「結合以前には二つの本性があり、それ以後は一つであった」と言うのであるから、結合は誕生によって完成されたとすれば、キリストはマリアから身体を受け取ったが、それを受ける以前には神性と人間性との本性は相異なっていたということになろう。

またもしこの結合が誕生によらずに「復活」によってなされえたとするならば、さらにまたこのことは二つの仕方のいずれか一つによって生じたと思われる。すなわち、キリストの発生にとってマリアからの身体の引き受けはなかったか、あるいは彼女から人間の肉を引き受けたか、いずれかである。そして彼が復活するまでは、復活ののちに一つになった二つの本性があった。こうした相反する対立から、われわれは次のように尋ねてみたい。もしエウテュケースが、キリストはマリアから人間の肉を受けたと承認しないならば、彼はどんな人間性を与えられてわれわれの間に現われたのであるか。それがすべての人が現われて出てくる人間性であったとすれば、神性はどんな人間性を授けたのであるか。こうした問題に彼は答えるすべはなかったのである。

ともかくボエティウスは、エウテュケースにおける「キリストにおける結合以前における二つの本性、それ以後における一つの本性 duae naturae ante adunationem, una natura post adunationem」という言葉の「結合」に注目し、それをマリアによる誕生の時か、あるいは復活の時か、いずれかに決めて論及する。しかも結合以前における二つの本性、すなわち神性 divinitas と人間性 humanitas との関係が問題となったのである。

さて二つの要素から成るものは、それが作られている要素が消えてなくなれば、二つの要素はその存在を中止しているから、けっして第三のものは二つの本性において存することはできない。このことはエウテュケース派の語るように、「キリストは二つの本性から成っているが、二つの本性においては存しない ex duabus naturis consistere, in duabus vero minime.」(C.6) ということである。

ここで当面の問題として、神性と人間性との二実体が、いかにして一つのものとなるか、について考えてみよう。ところでキリストの身体がマリアから取られたとして、人間の本性と神の本性とが持続しなかった場合、次の三つの方法が考えられる。1.神性の人間性への移し変え、2.人間性の神性への移し変え、3.いずれの実体も、その独自形態を保たないほどの混合。

ところである実体は形体的 corporeus であり、他は非形体的であれば、互いに移し変えることはできない。というのは互いに変化する事物が共通の質料 materia を有し、互いに作用することができるのでなければ、一般的に言ってどんな物体も他の物体に変えられないからである。ところですべて形体を有するものは基体として質料をもたないものはない。これに対してすべて形体をもたない実体の本性は質料的基礎を必要としない。だから形体を有するものは、形体をもたないものに変化させられることはできない。また形体をもたないものにとっては、混合というプロセスによってお互いが変化させられることはできない、というのもどんな共通の質料をもたないものは一方が他方へ変えられることはありえないからである。ところで人間の魂 anima も神も非身体的であると信じられているが、人間性と神性とは両者の根底に存する共通の質料をもたないのだから、一方が他方に移り行くことはできないし、また二つのものは共に混ぜ合わされるとは信じられない。

以上の論旨からすればエウテュケース派のキリストは二つの本性から成るが、結合以後は一つの本性のみを承認する見解はボエティウスによって論駁されたことになる。彼自身はカトリックの信仰に立って「キリストは二つ本性から、そして二つの本性において成る」と語る (ib.)。このことは次のように明記される、「かくしてカトリックの信仰はキリストにおいて二つの本性が継続しており、それら双方は完全に留まっていると承認するから、一方は他方に移し変えられず、キリストは二つの本性において、そして二つの本性から成ると正当にも語る。すなわち、双方が継続しているから、確かに二つにおいてあるのであり、キリストの一つのペルソナが二つ継続する本性の結合によって形成されているから、実に二つから成るのである」(C.7)。このようにカトリックは、キリストが二つの本性から成るという点ではエウテュケース派の解釈に近いが、しかし二つの本性において存するという点では後者とは相違している。

次にネストリウスの二つの本性と二つのペルソナが存するという学説は論駁されねばならない。「ネストリウスはキリストのうちに二様のペルソナが存すると承認するが、それはすべての本性においてペルソナを語りうると見なした誤解から当然導かれたのである。というのもキリストのうちに二様の本性が存すると承認したがゆえに、この先取において彼はまた二様のペルソナが存すると明示したからである」(C.4)。ここではボエティウスは、ネストリウスが神人両性の統一を説かないという前提に立って論を進めているのである。

さてキリストには二つの本性がある、すなわち彼は人間的であると同時に神的であるならば、彼のペルソナも二様であるというのがネストリウスの見解であるが、ボエティウスによれば、キリストという名前は確かに単数によって「一つの統一」を意味している。しかしネストリウスによればキリストは「単一のもの」ではない。だから単一ではないものは二様のあり方を有する。これに対してボエティウスは言う、「しかしわれわれはキリストが存在するということを明らかに誠実に承認する。それゆえわれわれはキリストは単一であると語る。そうでありさえすれば疑いもなくまたキリストという単一のペルソナが存するとしなければならない。というのも二つのペルソナが存在するならば、彼は単一ではありえなかったから。実に二つのキリストが存在するというのは取り乱した心の狂気である」(ib.)。

ともかくどうしてキリストの中に、二つのキリスト、すなわちひとりの人と別のものである神をあえて呼びよせようとするのか。神と人間という相異なった実体が結合してひとつのペルソナを形成したと信じない以上、キリストという名称は曖昧となってしまう。どんな文書においてもキリストという名がかつて二様にされたことがあろうか。カトリック公教会には信仰の真理と特に際立った奇蹟とが確立しているから、神なるキリストの本性と神と全く異なった人間の本性とが共に結合することによって一つのペルソナを形成するとは、何と偉大にして新たなることであろうか。それは一度切りのことであって、どんな他の時代にも生じえないことなのだ。ネストリウスの考えによれば、新しいことが生じるとはどういうことなのか。彼は「人間性と神性とが独自のペルソナを維持する」と語った(ib.)。もし二つのペルソナの区別がやはり本性の区別であったならば、イエスの誕生は他の子どものそれよりもどの点でより重大であるのか。二つのペルソナが継続しているかぎりは、キリストにおいては本性の結合はありえなかったし、また独自のペルソナの自立性を認める以上は、どんな人間においても神性はかつて結合されることはなかったのである。二つの本性の前提に立って、二つのペルソナを承認するならば、神と人間とはあらゆる点で基本的に異なっているから、両者は全く切り離され、キリストによる人類の救済はありえなかったであろうとボエティウスは結論する。「かくして人類は救済されなかったし、キリストの誕生によってどんな救済もわれわれのうちに現われなかったし、多くの予言者たちの著作は彼らを信じた人びとを欺き、キリストの誕生によって世の人に救済を約束した全旧約聖書の権威は退けられる。もし本性における相違と全く同様にペルソナに相違があるならば、救済は生じなかったのは明らかである」(ib.)。

以上のようにボエティウスは二つの本性と二つのペルソナという両性両格の考え方をとるネストリウスの学説を論駁したのであるが、彼自身はカトリック信仰の立場に立って、一格両性、すなわちキリストの一つのペルソナが二つの継続する本性の結合によって形成されているとするのである。彼がカトリック信仰を語る要点は次のようである、その信仰によれば、キリストは完全なる人にして神である。「人である彼は神の子と称されるが、それは神性の実体によってではなくして、やはり本性の統一によって神性と結合された人間性の実体によってである。そしてそのように概念的思考は人間性と神性とを区別したり、混合したりするであろうが、しかし同一なるものは完全なる人にして神なるものである。すなわち、父なる実体から生じたがゆえに彼は確かに神であり、処女マリアから生まれたがゆえに実に人間である。そしてさらに人である彼は、神によって取りあげられたがゆえに神であり、そして神である彼は神が人間性をまとったがゆえに人間である。そして同じペルソナのうちにおいて一方は神性を受けとり、他方は人間性を受けとっているが、それにもかかわらず神と人間とは同一である。……そして彼においては本性は二重となり、実体は二重となる、というのも彼は〈人 - 神 homo-deus〉であるから、そして人と神とは同一であるから、一つのペルソナである。」こうした見解はボエティウスによれば、「二つの異端haeresisの間の中道であるが、それはちょうど徳が中庸を保持するのと同じである」(C.7)。ともかくボエティウスは、キリストにおける本性とペルソナの問題について、エウテュケースとネストリウスの論説に対して反駁してきたのであるが、結局、1.エウテュケースは、キリストにおいては一ペルソナと一本性una persona et una naturaが存すると言う、2.ネストリウスは、二本性と二ペルソナduae naturae et duae personaeが存すると言う。これらの両学説は十分論駁された。「なお残っていることは、二重の実体が存するが、一つのペルソナが存するとカトリックの信仰がどれほど布告しているか、それこそ真実であるということである」(ib.)。こうしたいわゆる「一格両性」の説がボエティウスの帰結であったのである。

さてボエティウスは「ナトゥラnatura」(時に本性と訳す)と「ペルソナpersona」(時に位格と訳す)の二つの概念の究明に寄与すること大であったと言われているが、何よりも重要なことは彼がペルソナについての有名な定義を与えたということである。彼によればペルソナ概念はナトゥラ概念の注意深い分析に基づいている。ところでボエティウスのペルソナ概念の究明に多大の関心を抱いたのはトマス・アクィナスであるが、彼はアリストテレスを引き合いに出して次のように語る、「かくして哲学者もまた『形而上学』第五巻において、すべて実体はナトゥラである、と語る。しかしこのように引用されたナトゥラという名称は、それが事物の固有な活動に関連するかぎり、事物の本質essentiaを表わすと思われる」と。[13] したがってここではナトゥラ(φύσις)は実体として事物の本質を表わすことは明らかである。トマスはアリストテレスにおける「もののなにであるか〔本質〕τὸ τί ἦν εἶναι」[14]を「本質 quidditas」とか「形相 forma」とか規定するのであるが、これについては次のように言われる、「これはまたナトゥラという別の名称によっても呼ばれるのであって、それはボエティウスが『二つのナトゥラについて』という書物において割り振った四つの様態のうちの第一の様態に従ってナトゥラを理解することによってである、すなわちそれによればナトゥラは悟性によって何らかの仕方によって把えられうるようなすべてのものであると語られる[15]」と。

したがってボエティウスが『二つのナトゥラについて』という書物において割り振った四つの様態があげられねばならない。

1.「ナトゥラとは事物が存在するがゆえに、何らかの仕方によって悟性によって把えられうる事物のことである。」これは上述のトマスの規定においてはナトゥラは事物の叡知的実在性であるが、ボエティウスによれば神の存在は悟性によって把えられうるものではない。さらにまたアリストテレスに基づいて言えば「すべて実体はナトゥラである」から、次のような「ナトゥラの定義」が得られる。

2.「ナトゥラとはただ実体につけ加えられるものである。」ナトゥラが実体について語られるとすれば、すべて実体は身体的か、非身体的かであるから、実体を意味するナトゥラの定義は次のようになる。「ナトゥラとは作用したり、あるいは作用をうけたりすることのできるものである。」こうしたことがらは身体や身体に宿る魂 anima に属することであって、作用するだけならば、それは神と他の神的な実体にのみ属する。ここでは受動作用は存せず、ただ自発作用のみが存することになるが、ナトゥラを身体的な実体のみに限れば、それが固有の運動をなすことは、ちょうど火が上方へ、地が下方に運動するがごとくである。すべて身体は固有な運動を有するから、次の原理が得られる。

3.「ナトゥラとは偶有性 accidens によらず、みずからによる運動原理である。」

さらにナトゥラの他の意味がある、それはちょうどわれわれが金と銀との相異なった本性を語る場合のようである。この意味に従って言えば次のような定義が得られる、すなわち、

4.「ナトゥラとは何か事物に形式を与える種差 specifica differentia である」(以上 C.1)。

以上のようにナトゥラはさまざまな仕方で主張され、限定されるが、最後の定義に基づいて言えば、カトリックやネストリウスが神と人には同じ種差が適用されえないから、キリストにおける二つのナトゥラ（二重本性 duae naturae）が存しうるという立場に立ったのであるが、これはボエティウスも承認するところである。次にはナトゥラとペルソナとの相違を確立しておく必要がある。

さてナトゥラとペルソナとの関係について言えば、前者は後者の根底であり、前者なくして後者は語り得ないことになる。「確かにナトゥラをペルソナの基体 subjectum とし、そしてナトゥラを除いてはペルソナは前以って語られえないことは明らかである。」ところでナトゥラが実体について語られたが、ナトゥラを基体とするペルソナもまた実体的あり方として実在している。

ボエティウスは「しかしわれわれは人間・神・天使のペルソナが存すると語る」と言う。したがってペルソナと言われるものは人間・神・天使ということになり、生命のない実体、感覚を欠いた生物、感覚だけの生活を送る動物にはペルソナは存しない、つまり石にはペルソナはないし、木のペルソナ、牛のペルソナはありえない。また実体について言えば、そのあるものは普遍的universalisであり、あるものは特殊的particularisである。普遍的なものは単一なものに先立って言われるのであり、例えば人間・動物・木・石とか種あるいは類というようなものである。それらは個々の人間・動物などに適用されるのである。しかし特殊的なものは普遍的なものに先立たない。例えばキケロ、プラトンとかアキレス像の作られた石とかは普遍的ではなくて、特殊的である。ここでボエティウスは普遍的実体を排除して個別的実体のうちにペルソナを求めようとして次のように言う、「しかしこれらすべて普遍的なものにおいてはどこにもペルソナは語りえないのであって、ただ単一にして個別的なものにおいて語られうる」と（以上C.2）。

以上のようにペルソナは単一にして個別的な実体として規定されるが、その本質的契機としてのナトゥラを基体として有するものであったから、ここにペルソナの定義が求められる、「ペルソナとは理性的本性を有する個的実体である。Persona est naturae rationabilis individua substantia.」（C.3）。ここでは理性的ということは種差を示し、このナトゥラ（本性）を基体として個的実体が実存する。ペルソナのうちに理性的本性という本質的契機と存在契機とが統一されていると言ってよかろう。この定義は極めて効果的であったから、長年の間明確でなかった表現に確固たる内容を与えたことになる。

ところでわれわれは既に本書の第一章第一節においてボエティウスの上述のペルソナの定義に論及したが、ともかくペルソナは喜劇や悲劇において人間を表現していた「仮面」から由来した言葉である。この言葉はギリシア語の πρόσωπον にあたる。ところがギリシア人は豊かな語彙の下に「理性的本性を有する個的な自存体 naturae rationalis individua subsistentia」を「ヒュポスタシス ὑπόστασις」と呼んだ。しかるにラテン人は πρόσωπον もヒュポスタシスもともにペルソナという同一語を充当することになった。ところでボエティウスによれば、「自存体 subsistentia」というラテン語はギリシア語のヒュポスタシスに当たるが、確かに本質的に存在するものは普遍的なものにおいて存在可能性を有し、偶有性 accidentia を必要としないから、自存体を有する。しかし普遍的なものはすべて個別的にして特殊的なものにおいてのみ実体的に存在するがゆえに、特殊的に存立する「スブシステンティア」をギリシア人は「ヒュポスタシス」と呼んだのである。「個別的なものは自立的に存在するのみならず、実体として存在する。Individua vero non modo subsistunt verum etiam substant.」だから「ヒュポスタシス」は「実体 substantia」にあたると言ってよい（C.3）。

ここでギリシア語をラテン語に移すならば次のようになる。以下原語で表記する。οὐσία は essentia、οὐσίωσις は subsistentia、ὑπόστασις は substantia、πρόσωπον は persona である。しかしギリシア人が個別的実体を ὑπόστασις と呼んだのは、それが他のものの基礎に存し、いわゆる偶有性にとって基礎を与えるからである、そしてローマ人もそれらを substantia と呼ぶ。また彼らは同じ実体を πρόσωπον と呼ぶから、ローマ人もまたそれを persona と呼ぶのである。ギリシア人は ὑπόστασις という語をより優れたものに適用するが、ローマ人は substantia という語を非理性的な動物にも適用していると言われる。

ともかく既に述べられたボエティウスのペルソナの定義はキリストにおける神性と人性との関連を解明するために提起されたのであるから、彼が次のように人と神とについて語るのも、キリスト論における三位一体の見地に立っている（C.3）。すなわち「人は存在するがゆえに確かに οὐσία、すなわち essentia であり、どんな主体にも服属しないから、実に οὐσίωσις、すなわち subsistentia であり、自存体、すなわち οὐσίωσις ではないその他のものの基礎にあるから、実に ὑπόστασις、すなわち substantia であり、理性的個体であるから πρόσωπον、すなわち persona である。」また神も次のように規定される。すなわち、「神は οὐσία であり、essentia である。というのも彼は主としてすべてのものの存在がそこから由来するものであるから。彼は οὐσίωσις、すなわち subsistentia である、というのも彼は何も欠くことなく自存するから。彼は実体的に存在するから、ὑφίστασθαι (=substare) である」(ib.)。

さてさらにわれわれは神性の一つの οὐσία、あるいは οὐσίωσις、すなわち「essentia あるいは subsistentia、しかも三つの ὑπόστασις、すなわち三つの substantia」が存在すると語る。このような様式に従って人びとは「三位一体の一本質・三実体・三位格 una essentia, tres substantiae, tres personae を語ったのである」(ib.)。既にわれわれの知ったように三位一体論に関して、テルトゥリアヌスは三つを「実体の名の下にではなくて、ペルソナの名の下に言われる」のであるとし、アウグスティヌスも「われわれはあえて一本質三実体とは言わず、三つのペルソナと言う」というようにペルソナ表現を実体とは同一視しなかったが、ボエティウスはナトゥラとの関係においてペルソナを論じ、ナトゥラを実体とするとともに、ナトゥラを基体とするペルソナも実体的あり方であると規定したのである。

要するにボエティウスはキリスト教の教義における神性と人性との問題に関して論じられるナトゥラとペルソナの相関関係についてエウテュケースの単性論、ネストリウスの両性論を引き合いに出すことによって、それらを論駁し、みずからのカトリックの公会議の立場に立って、いわゆる一格両性の説を支持するのであるが、キリストの両性から何ゆえにただ一つのペルソナが結果することになるかは、まだ十分には解明されえなかったとしても、彼の下した「ペルソナとは理性的本性を有する個的実体である」というペルソナの定義はそれを被造物としての人間の次元に即して考察することがのちの中世哲学にとっては重要な課題となるのである。

第三章　中世スコラ哲学におけるペルソナ概念の解明

第一節　リカルドゥス

既にわれわれの知ったようにテルトゥリアヌスやアウグスティヌスにおいては、神の三一性trinitasを考察するに当たって「一実体三ペルソナ」という法式が確立されていた。この立場は後のスコラ哲学にも受け継がれていくのであるが、今ここで考察するリカルドゥスにおいても神における一実体と三つのペルソナという三一性解釈が論じられている。したがってここではリカルドゥスにおけるペルソナ把握の特色が明らかにされるであろう。

さてサン・ヴィクトールのリカルドゥス（Richardus de Sancto Victore, ?-1173）はフランスのサン・ヴィクトール学派の代表的神学者である。彼はスコットランドに生まれ、若くしてパリのサン・ヴィクトール修道院に入り、一一六一年に副修道院長となったが、その生涯はほとんど知られていない。ここでわれわれの考察するのは彼の著『三位一体論 De Trinitate』(1)の第四巻である。

ところで三つのペルソナという複数性が「実体の一性 unitas substantiae」の内にあるということは人間の認識にとって不可能であることは言うまでもない。だから理性はこうした「信仰の主張 assertio fidei」を納得させることはないであろう。つまり「一つの実体より多くは存在していない場合に、どうして一つのペルソナよりも多く存在しうるかは、人間の認識は確かに容易には理解することはないのである」(C.1)。一実体三ペルソナの想定の可能性は、人間の認識にとっては拒まれているのは当然であるが、しかし理解しえないからといってそれの存在を否定することはできないであろう。このことに関連して次の問いも同じく理解しえないことだと言われる、すなわち人間人格を構成する相反する本性である身体 corpus と魂 anima とが、どのようにして一つの同じペルソナであるのか、と(C.2)。こうした以上の問いは共に人間認識にとっては理解しえないとしても、人間の精神は経験によってある程度疑いえないことと考えている。しかし経験は一切を明白に知ることを許さないが、それにもかかわらず「明白な理性は知らないままにしておかないものである」(C.3)。例えば神の力・知・善性 potentia, sapientia, bonitas は誰でも受け容れ、しかもこれら三者が神の実体にほかならないことは、分別あるすべての神学者の一致するところである。

さてリカルドゥスは「一実体三ペルソナ」という三一性の把握について言えば、実体概念とペルソナ概念との相関関係についてはさまざまな見解が存したと言う、特にペルソナ概念の意味の把握については多くの相違があったと言われる。「確かにペルソナという名称は、あるときには実体 substantia、あるときには自存体 subsistentia、あるときにはもろもろのペルソナの独自性 proprietates personarum を意味すると語る人びとがいる」(ib.)。ここではペルソナは実体を意味するとする立場に立てば、三つのペルソナをもって三つの実体であるとする立場を是認することになろう。特にこうした実体とペルソナとの意味の相違についてはのちに論及することにして、それに先立ってペルソナを自存体と見なす見解がまず拒否されねばならない。

既に考察したボエティウスにおいては、ὑπόστασις は substantia、οὐσίωσις は subsistentia と訳されていたが、リカルドゥスの見解は以下のようである。

ところでギリシア人はペルソナをヒュポスタシスという名称で呼んだのであるが、ギリシア人ではないわれわれはこの名称については言及しないが、特にラテン人がこの名称について「自存体 subsistentia」という訳語を当てることについて顧慮する必要がある。ある神学者らはペルソナをもって「自存体」であるとし、彼らは「このことを、すべての読者に三つの自存体が存在しえて、その上至る所で一実体だけが存在し続けるかのように説明もなしに簡単に論じる」が(C.4)、この主張に対してリカルドゥスは「彼らの教説は私の素朴さに満足を与えない」と言う(ib.)。彼によればペルソナという名称はすべての人、田舎の人さえもの口にしばしばあげられるが、しかし「自存体」という名称は、すべての学識ある人によって認識されることもない。したがってリカルドゥスはギリシア語の「ヒュポスタシス」の訳語として用いられる「スブシステンティア」を避けて、ペルソナの名称に関心を集中する。だから彼が当該書において意図するところは「素朴な人びとに忠実たらん」として「自存体の意味よりもむしろペルソナの意味を限定することに努力し、……ペルソナの複数性がどうして実体の一性 unitas substantiae と一致しうるか、を明らかにしようと努めるであろう」ということである（ib.）。

ペルソナをもって「実体」「自存体」と見なす見解を退ける場合、実体とペルソナとのそれぞれの意味について明らかにしておく必要がある。さて実体概念は動物にも人間にも適用される。動物という名称によっては「生命ある感覚的実体」が理解され、同じく人間という名称も「動物、同じく実体」を意味している。しかし人間は「可死的理性的動物 animal rationale mortale」である。つまり「感覚的ではなく、理性的実体」を意味する。「これに対して理性的実体についてだけペルソナが語られる。」この発言はボエティウスのペルソナの定義を前提している。この定義は当時かなり支持されていたが、リカルドゥスは上掲書第七章において「実体の名称においては quis よりむしろ quid が意味され、これに反してペルソナの名称においては quid よりむしろ quis が指示される」と語っているから、実体とペルソナとの概念的区別は明らかである。「スブスタンチア」＝ quid（何）、「ペルソナ」＝ quis（誰）について言えば、「quid に関しては共通の独自性、quis に関しては単一の独自性が探し求められる」と言われる（C.7）から、このことは既に第六章において次のように言われていたのである、すなわち「実体の概念の下では動物の名によっては、すべての動物に共通な独自性が理解され、そして人間の名によっては、すべての人間に共通な独自性が理解される。そしてペルソナの名によっては同様に、ただ唯一のものにだけ適用される独自性が理解される」(C.6) と。このように実体概念とペルソナ概念とは互いに著しく相違していることを理解すべきであって、特にペルソナの独自性については「個的、単一的、共通しえない独自性 proprietas individualis, singularis, incommunicabilis」が強調されるのである (ib.)。

ところで神における三一性を問題とする場合、「われわれがわれわれの神を実体的には一つ、ペルソナとしては三つと語るということの内に矛盾があるなどと明示するものではない」(C.9) から、一実体三ペルソナという伝統的把握は保持され、三つの実体という考えは否定され、ペルソナの複数性が肯定される。だから「神の本性においてはペルソナの複数性は実体の一性を分かつことはない」と言われ、これに対して「人間の本性においては諸実体の複数性はペルソナの一性を分解することはない」と言われる (C.10)。ここでわれわれは神の本性と人間の本性との相違を知りうるのであるが、そこでは二通りのペルソナが考えられ、特に人間存在をもペルソナと規定する見解は注目すべきである。リカルドゥスが人間の本性においては「二実体一ペルソナ」、神の本性においては「一実体三ペルソナ」という対立を掲げたことについては次のように説明されねばならない。

さて人間の本性は二つの実体から成立し、それが一つのペルソナとして存在するという見解は、人間をもってペルソナと見なす後世のペルソナ論に大きな影響を及ぼしていくのであるが、ここでの二実体は「身体 corpus と魂 anima」である、すなわち「一つの見えるものと他の見えないもの、一つの可死的なものと他の不死なるもの」であるが、ペルソナの統一性はこうした相異なった実体から成るのである。しかし既に明らかであるように、たとい実体が人間本性において複数であってもペルソナの統一性を分かつことはないのである（ib.）。これに対して神の本性においては「一つの同一の実体」のみが存在するのであるが、しかし他方ではいくつかのペルソナが存在している。この神性のペルソナの複数性においては「最上の類似、最上の同一」が存しているが、このことは人間の本性の実体の複数性においては「著しい相違とかなりの不同性」が存していることと対照的である。以上のように人間の本性におけるペルソナの単一性と神の本性におけるペルソナの複数性とが人間と神とのペルソナ概念を分かつ点なのである（ib.）。

さて次にペルソナを区別するに当たって、二つの考察が必要であるが、特に「物の性質 qualitas」と「物の起源 origo」を考察する必要がある。物は存在している以上、それがどのようなあり方をしているか、つまりそのものの状態・性質が問題とされる。「われわれが明らかに知っていることは、あるところのもの quid sit と何かから由来して存在を維持する unde habeat esse ということなのである」（C.11）。ここでは既に物の起源が考察されているのであるが、本質的存在とそれから派生した存在が区別されている。つまりは「それ自身において a semetipso」と「ある他のところから aliunde」との区別である。したがって以上の考察は、あるものの様相に関して「存在の様相 modus essendi」と「維持の様相 modus obtinendi」を区別することになる。この両者に関してはまた「本質概念」と「維持概念」とが区別されるから、それ自身においてあるものは本質であり、他方において本質から由来して本質を維持するものが考えられるのである。

神はあるものとして存在そのもの、本質であるが、それを維持しているものは神そのものではない。「私がここで維持の様相というのは実体的にあるもの、あるいは本性的状態にあるものを維持している様相を言う」(ib.)。

以上の点よりすれば、実体的存在、つまり本質的存在とそれから由来して存在を維持するもの、すなわち「存在の様相」と「維持の様相」とがペルソナの考察にとって重要となる。ここでの「本質概念」と「維持概念」とはまた existentia という名称の下でもわれわれは理解することができる。existentia という語は existere より来る。(2) existere は ex と sistere から成る。だから ex という前置詞を付加することによって sistere とは別の意味が生じる。ところで sistere と言われる場合には、それ自身において存在を有するというよりもむしろ「内存在・内在 inesse, insistere」すなわち何か「基体に内属する」という意味である。しかしリカルドゥスは sistere の意味について次のように考える。「sistere と言われるものは次のいずれかの状態にあると思われる、すなわちある仕方において自存する、そしてまたけっして自存しない、つまりは明らかに基体であらねばならないと同程度にまた全く基体であってはならない、このいずれかである」(C.12) と。ここで一方では自存し、基体であるが、他方では自存せず、基体ではない、という区別は非被造的本性 natura increata と被造的本性 natura creata とを分かつのである。前者、非被造的であるものは、それ自身において存立し、基体に内在しないが、後者はそれとは逆のあり方を有する。しかしいずれにしても sistere と言われるものは、非被造的であれ、被造的であれ、いずれも本質概念にかかわっている。これに対して existere として sistere に ex を付加した場合には「ただ存在を有するばかりでなく、どこかあるところから、すなわち何かほかのものから由来して ex aliquo 存在を有する」という意味である。だから第十二章の標題は次のごとく言われる、「われわれが existentia という名称を認識しうるのは次のいずれかの考察である、すなわち本質概念にかかわる考察であるか、あるいは維持概念にかかわる考察であるかである」(ib.)。

さてここで「他のものから由来して存在を有する」ということは維持概念を語っているのであって、由来するものは本質概念との関係を有するのであり、その点では「同一の起源」が考えられ、その起源に従って変化が考えられる。しかし多くの存在するものはさまざまな性質を有し、その性質に則って変化するものである。したがってリカルドゥスは「existentia の一般的変化は三つの仕方で区別される」という標題を掲げる。つまり三つの仕方の変化という場合には「単なる性質」「単なる起源」および「双方の独自性」について考える必要があるが、彼の主張は以下のごとくである。ところで「三一性 Trinitas」と呼ばれるところでは、すべてのものが類似しており、同等であると考えられる。だからそれらがそれぞれの性質に従って異なっているということはありえない。すなわち、同一であるものは全く単純であり、性質の相違はありえないからである。どんな相違もないところでは全くどんな複数性もありえないであろう。しかしそれにもかかわらず、われわれは三つのペルソナを語る。「したがってペルソナの複数性が確証していることは、かの三一性において区別された独自性、そして独自性の相違は存しうるということである。」このように同一であって、性質の相違のないものが複数において語られるならば、その相違はどこに求むべきであるか。それで第十五章の標題は「神の existentia の相違を尋ねるには唯一の起源をめぐって尋ねねばならない」と言われている。だから神の existentia としてのペルソナの複数性は根源たる唯一の神に存することになる、「神の本性においては existentia の複数性は唯一の起源に従って異なっているということは明らかである」(C.15)。

以上のようにペルソナの複数性の基づくところを「唯一の起源 sola origo」に求めるならば、神の本性のうちには複数性の基づく共通部分が存することになる。また一方ペルソナの特性としておのおのがそれぞれの existentia を保持している以上は、共通しえない部分が存することになる。すなわち「疑いもなく神の本性においてはより多くのものにとって共通の existentia と共通しえない existentia が存する」(C.16)。したがってわれわれは「共通の existentia」と「共通しえない existentia」を語ることになる。ここで「共通しえない incommunicabilis」と言われる場合には、とりもなおさず神のペルソナのことを言うのであって、また他方「共通する communis」特性によって存在すると言われる場合には、神の実体が理解されている。

さて以上言われたように、神の本性のうちには「共通の existentia」があり、一方ではまた「共通しえない existentia」がある。この共通しえないということがペルソナの特性であった。しかし共通しえない独自性というのは「一つであって、他のすべてのものから区別されたもの」を言う。すなわち、「われわれがペルソナと言うのは、その他のすべての単一なる独自性から唯一区別された何かあるものにほかならない」(C.17)。だからもしペルソナが共通しうる独自性をもつとするならば、一つのペルソナが二つでありうるということになり、このことはペルソナの共通しえないという独自性と反することになる。「疑いもなくあのペルソナの三一性のうちにはペルソナの独自性、すなわち共通しえない独自性が存在しなければならない」(ib.)。

ところでリカルドゥスは「神のexistentiaにとっては、実体的なもの、確かに超実体的存在esse supersubstantialeが保持されている。……existentiaは実体的存在を指示するが、しかし時には共通の独自性によって存在する」と語った(C.16)。すなわち、共通のexistentiaと共通しえないexistentiaが「超実体的存在」を保持することは独自のことである。このことについては同様の主旨であるが、「神のペルソナも神のexistentiaも神的存在を保持し、あれもこれも超実体的存在を保持し、いずれもペルソナの独自性、すなわち共通しえない独自性を有している」と語られる(C.18)。ここでは神的存在を「超実体的存在」と規定しているが、それは「最高度に単一な存在、あるいは全能的存在」というも同じであり(ib.)、「全能であるものは神の実体をおいてほかになく」「全能であるものは単に唯一のものでありうる」のである(C.19)。

さて「三位一体」の把握に関して、リカルドゥスは従来の仕方を次のように述べる、すなわちある者は三実体と一本質、ある者は三自存体と一実体、さらにある者は三ペルソナと一実体・一本質と語る。しかし彼は言う、「ラテン人においては神の複数性に対してペルソナという名称ほどよく適合されうるどんな名称も見つけられえないと私は信じる」と(C.20)。ここで問題となるのはペルソナ概念の二つの区分である。すなわち、「単なる被造物のペルソナ persona creata」と「非被造的であるもののペルソナ persona increata」との区分である。今ここでペルソナの意義を鮮明にするためには、実体とペルソナとの意味が相互に相違していることに思いを致さねばならない。ところが既に有名なボエティウスのペルソナの定義は次のようになされた、「ペルソナとは理性的本性を有する個的実体である。」この定義が一般的にして完全であるときには、「理性的本性を有するすべての個的実体はペルソナでなければならず、転換して言えば、すべてペルソナは理性的本性を有する個的実体でなければならない」(C.21)。

この場合、問題となるのは「あの神の実体について、それが唯一の実体であるか、それとも個的実体であるか」ということである。もしそれが個的実体であるとしたら、神の実体はペルソナということになり、それ以外の理性的本性を有する個的実体はペルソナではない何か別のものであろう。また既に述べられたように、神の実体は正当にもペルソナとは言われなかった。ペルソナと言われるものはたとい個的であるにしても、実体ではない。したがってボエティウスのペルソナの定義は今ここで問題にしている一実体・三ペルソナにおけるペルソナの定義としては適用されるわけにはいかないのである。

以上のようにリカルドゥスはボエティウスの定義を批判して、唯一の実体である神についてのペルソナ概念を適用することを拒んだのである。既にしばしば言われたように、リカルドゥスは神のペルソナの独自性を「共通しえない」という点に見いだした。「神のペルソナに関しては、われわれはそれは神の本性の共通しえない存在者 existentia であると適切に言うことができる」(C.22)。さらに「唯一個的にして、あるいは他と共通しえない existentia はペルソナと言われる」(C.23)。唯一個的なペルソナにおける「個 individum」とは「単に一つのものにだけ適合されうる」ものを言うのである。これに対して「被造物のペルソナ persona creata は理性的本性を有する個的実体である」(ib.)。だからボエティウスのペルソナ定義は本質としての唯一の実体としての神に適合せるものではない。ペルソナという名称に関しては「個的・単一的・共通しえない独自性」(C.6) が強調されたのである。

さて「それだけでひとり存在すること existere per se solum」は生命あるもの並びに生命なきものも個体にとって共通のことであるが、しかし「ペルソナはある理性的実体についてでなければ語られない」(C.24)。しかもリカルドゥスにとっての神のペルソナは「理性的 existentia」であったから、ここに彼の定義が得られる。「ペルソナとは何かある理性的存在者の単一の様相に従ってそれだけでひとり存在している」(ib.) と。ここにはペルソナの独自性が明らかにされているが、それは「理性的存在者の単一の様相 singularis modus rationalis existentiae」に従うことである。そのことは同時に「それだけでひとり存在している」ということであったのである (ib.)。

リカルドゥスの意図したことは、三一性に関して、すなわち「一実体・三ペルソナ」という想定がいかに可能であるか、さらに「ペルソナの複数性がどうして実体の一性［一体性 unitas］と一致しうるか」ということの解明である。このために彼は神の本性のうちに「共通の existentia」

と「共通しえない existentia」を見いだし、それら existentia は本質 essentia としての神的実体・超実体的存在を保持すると考えた。神の本性のうちにはペルソナの複数性の基づく共通部分があると同時に、共通しえない独自性として、単一の様相に従ってそれだけでひとり存在するペルソナがある。ただそれだけでひとり存在するといっても、神の本性のうちにある以上、ペルソナは本質概念たる神の実体から由来してそれを維持しているのである。existentia の変化はその起源 origo に従って変化する。ペルソナの複数性は神の実体の一性に基づく。リカルドゥスは『三位一体論』の第四巻を次の言葉で結んでいる、「神の本性にとって独自のことはペルソナの複数性を実体の一性のうちに有するということであり、これに対して人間の本性にとって独自のことは実体の複数性をペルソナの統一性のうちに有することである」と（C.25）。

ともかくリカルドゥスによって与えられたペルソナの概念規定、すなわち「ペルソナとは理性的存在者の単一な様相に従ってそれだけでひとり存在している」における個別性・単一性・非共通性の強調は、語源学的には次のような思想家からの影響を指摘するのもあながち不当ではあるまい。例えば九世紀のゴデスカールクス（Godescalcus de Orbais, ca. 803-867/869）は「ペルソナはそれ自体によって一なるものである Persona est per se una.」と言う。(3) こうした解釈の由来するところはセビーリャのイシドール（Isidor da Sevilla, ca.560-636）であると言われるが、その語源的意味は明確ではない。ともかく神のペルソナを「いわばそれ自体によって一なるもの quasi per se una」として規定するペルソナの統一性を強調する見解が若干の著者に存したことは事実であろう。こうした見解がリカルドゥスのペルソナ解明に影響を及ぼしていたことは認められてよいであろう。

第二節　ボナヴェントゥラ

ボエティウスによって「ペルソナとは理性的本性を有する個的実体である」と定義されたペルソナ概念は、彼以後の多くの神学者によって維持され解明されていくのであるが、今ここで取りあげるボナヴェントゥラ（Bonaventura. 本名 Johannes Fidanza, 1221-1274）もボエティウスの定義を出発点としており、特に彼の場合サン・ヴィクトール学派の代表的神学者リカルドゥス、更に彼の師であったフランシスコ会学派のイギリス、ヘールズの出身アレクサンダー（Alexander of Hales, ca.1170-1245）から多大な影響を受けた。

ところでアレクサンダーはペルソナについて「ペルソナとは尊厳 dignitas にかかわる独自性によって区別されたヒュポスタシスである」と語った(4)。ヒュポスタシスというギリシア語はラテン語のスブスタンティアに対応するものであるから、既にボエティウスはヒュポスタシスに対してスブスタンティアという訳語を使用していた。さらにリカルドゥスの当時にあっては、ヒュポスタシスに対してはスブシステンティア（自主体）という訳語が用いられていたが、リカルドゥスはその訳語を拒否したことは既にわれわれの知ったとおりである。アレクサンダーはペルソナをギリシア語のヒュポスタシスと同一視してるが、スブスタンティアの意味で用いていると言ってよかろう。特にここで注目すべきことはアレクサンダーがペルソナの顕著な特性を「尊厳dignitas」に見いだしたことである。この点は彼の弟子ボナヴェントゥラにおいても受け継がれているのであるが、ボナヴェントゥラはヒュポスタシスに対して suppositum[5]（主体）という語を使用して、「ペルソナとは理性的本性を有する、独自性によって区別された主体という名である」と言う[6]（I, 436）。ここで「理性的本性を有する主体」というのは「実体の存在」を言い、「独自性によって区別された主体」というのは「関係の存在」を言うのであって、そのためペルソナの考察には「主体と独自性 suppositum et proprietas」が導入されることになる。したがって結局は「実体に従って secundum substantiam」と「関係に従って secundum relationem」との両者を説明しなければならないことになる。

この点について言えば、ボナヴェントゥラは「神的なものにおけるペルソナという名称は、実体に従ってか、あるいは関係に従ってか、いずれが語られるのか」という問いに対して、「結論」として一般的な理解によれば「実体に従って」語られる方が「関係に従って」語られるよりも「基本的」であり、特殊的な理解によれば、「神においては関係に従って語られる」と言う（I, 436）。ここで「関係に従って」と言われる場合は「数の相異」に注目されているのであって、「実体に従っては、単数において、関係に従っては、複数において言われているのである」（ib.）。関係に従って複数において語られる場合には、もちろん神的ペルソナの「三一性」が語られているのであって、既にわれわれの考察したように、アウグスティヌスが三一性を関係的に捉えていたことに応じている。

ところでボナヴェントゥラは「ペルソナは、あるいは神における、あるいは被造物におけるある種の実体の主体 suppositum を言う」と語る（I, 437）。したがってペルソナを被造物に関して語る場合、既に彼の師アレクサンダーによって下されたペルソナの定義を生かすとすれば、「区別された独自性」は「尊厳」であるから、被造物としての人間にあっては、ペルソナは次のように定義されてよい、「ペルソナとは被造物のうちで尊厳という独自性によって他のものから区別された理性的本性を有するものの主体を意味する」（I, 406）と。ここでの定義はアレクサンダーの定義と同一のものが見いだされる。

以上のようにボナヴェントゥラは彼の師アレクサンダーの立場を受け継ぎ、ペルソナの特性の一つを「尊厳」に見いだすのであるが、こうした見解に至る過程において、彼は伝統的にペルソナ概念の把握について試みられてきた代表的見解をあげて批判している。特に既にわれわれの考察してきたボエティウス、リカルドゥス、さらには彼の師アレクサンダーらのペルソナ定義が叙述されている。それらが彼のペルソナ把握の基底に存している。すなわち、ボエティウスは「ペルソナとは理性的本性を有する個的実体である」と定義し、またリカルドゥスにおいては「ペルソナとは知性的本性を有する共通しえない存在者である」と定義され、さらにまた別の仕方で「ペルソナとは理性的存在者の何かある単一の様相に従ってそれだけでひとり存在している」と定義される。最後に師アレクサンダーによれば、「ペルソナとは高貴nobilitasにかかわる独自性によって区別されたヒュポスタシスである」と定義される。そしてこれらの定義の相違は注意されるべきであるが、ボエティウスとわが師たちは神と被造物において共通に語られるペルソナを定義しているが、リカルドゥスの定義は特に神的なものに応じている。それは一方では独自に帰せられる定義であり、他方では確かにボエティウスの定義の開陳あるいは改良である。しかしすべては同じことを語っていると言いうるが、しかし説明の仕方に従って相違があるのである。すなわち、ボエティウスの定義が与えられていて、それが不適切を表わしていると思われたからである。かくしてリカルドゥスはさらに独自の表現によって別の主張をすることになったのである(I, 441)。

以上のようにボエティウス、リカルドゥス、アレクサンダーによるペルソナの概念の把握が概観されているのであるが、特に注目すべきはアレクサンダーの定義である。しばしば引用されたようにペルソナをもって「尊厳」にかかわる独自性によって区別されたヒュポスタシスであるとする見解はボナヴェントゥラの高く評価する見解であった。今ここでは彼の尊厳をもって理性的存在の特性とする見解に先立って、アレクサンダーの見解を一瞥することにしよう。アレクサンダーは十二世紀の神学的・哲学的伝統に立脚しているが、彼は三つの存在秩序を区別したと言われる。すなわち、自然的存在・理性的存在そして道徳的存在である。この区別は哲学を自然学・論理学・倫理学physica, logica et ethicaと分類することと関連し、既にストアや新プラトン主義に存していた見解である。(7) アレクサンダーはこれらそれぞれの領域に対して三つの基礎概念、すなわち基体 subiectum、個体 individum そしてペルソナをあげる。特にペルソナをもって道徳的存在として規定することは注目すべきである。「ペルソナは徳 mores と関係づけられ、習俗 mos の名称である。個体は理性的なものにかかわり、基体は自然的なものにかかわるのである。(8)」ここでは既にボエティウス、リカルドゥスによって古典的定義となったものに対して、新しい道徳的存在としてのペルソナの規定が重要である。従来の把握においてはペルソナ概念は、自然的存在・理性的存在として規定されてきたのであるが、アレクサンダーにおいては道徳的存在として把握する見解が顕著になってくる。また当時の社会的承認の上からみて、ペルソナが何らかの特殊的尊厳を有していたことは、例えば次のごとくである、すなわち国王のペルソナが領主のペルソナと区別され、父のペルソナは息子のペルソナと区別されたのであるが、けだし父は息子と比べて傑出し、息子は物事を自由に処理しないからである。(9) ともかく「尊厳」という点でペルソナを特色づけることが当時の代表的見解となったのであり、アレクサンダーは語っている、「ペルソナは尊厳という独自性を意味するがゆえに、道徳的事柄である。彼〔キリスト〕についてペルソナとして語ることは、道徳的に語ることである。(10)」こうした「卓越した独自性」(11)、すなわち「尊厳」こそがペルソナの本質を構成することになったのである。

ボナヴェントゥラがペルソナの特色を「尊厳」に見いだす見解は、彼の師から承け継いだものであるが、彼にとっては、彼が「ペルソナの名称は注目すべき尊厳にかかわる」(III, 228) と言うように、ペルソナの本質を尊厳に見いだす箇所は枚挙に遑がないほどである。しかも彼は「ペルソナの尊厳は理性的な被造物にのみ存する」(III, 37) とか、「ペルソナであることの尊厳は理性的被造物の実際の卓越性を言うのである」(II, 106) とか語るように、「理性的被造物 creatura rationalis」こそがペルソナとしての尊厳を担うことになる。単なる被造物ではなくして、理性的存在者であるゆえにこそそれに尊厳が帰せられる。「このペルソナという名称はより卓越せるもののから選び取られたのである。それゆえにそれは理性的のゆえに最も高貴な被造物の個体にのみ見いだされるのである」(III, 133)。以上の点からすればペルソナの尊厳は理性的被造物の「理性的 rationalis」という点に重点が置かれているのであるが、ボエティウス以来ペルソナの定義において表現されてきた理性的という語はボナヴェントゥラにおいては次のように語られる、「理性的ということは、一方では善を悪から、真を偽から区別する能力を有すると説明される、――かくしてそれは神にも被造物にも適用される。他方では吟味したり、比較したり、分離したりすることによって区別する能力を有すると説明されるのである」(I, 440)。

ここで明らかであるように、理性の能力は善と悪、真と偽を区別する能力ということになるが、それは理性の実践的使用と理論的使用といってもよく、これはのちにトマスにおいてみられるように理性を実践理性と思弁理性とに分かつことである。また理性的被造物が尊厳の対象となることは、道徳的に善と悪とを区別しうる能力がペルソナに与えられているからであり、ペルソナを道徳的存在として把えるアレクサンダー以来の見解が顕著に現われているのである。ついでに言えば理性をもって「区別する能力」と規定することは近世に至っても合理主義哲学の継承する見解であり（例えば本書第七章第二節バウムガルテン参照）、また特に理性的存在者を直ちにペルソナとして規定し、それが「尊厳」を有するとするカントの近世的見解も基づくところは以上のような伝統に立脚していると言ってよかろう。

ところで既に述べられたように、ペルソナをもって「いわばそれ自体によって一なるもの quasi per se una」と規定する見解は古くはセビーリャのイシドールに由来すると言われたが（本書六〇ページ）、リカルドゥスも「ペルソナとは理性的存在者の単一の様相に従ってそれだけでひとり存在している」と語っていた。ボナヴェントゥラもまたこうした伝統的見解に立っているから、次のように言う、「ペルソナはいわばそれ自体によって一なるものと言われるが、元来それ自体によって一なるものと言われるのは、全く他のものより区別され、自分自身において分離されていない一なるものである」(I, 405) と。さらに彼はこれに続いて、ペルソナなる語の語源学的意味に注目して次のように語るが、そこには既にボエティウスにおいて語られていたことの再現であり、特にペルソナの語に「尊厳」の意味をもたせることについてその根拠についても述べられている、「ペルソナは通してひびく personare から由来して言われるのであって、いわば自分自身で響きわたらせる意味である。しかし響きわたる resonare というのは、響きにおいて他の響きよりひいでているということである。それゆえペルソナとは尊厳を有する区別された主体であると言われるのである。……同様にこうした意味の基づくところはプロソーポンというギリシア語における同じ意味のものから受け取られるのである。ギリシア人においては、プロソーポンはボエティウスが言及しているように、確かに悲劇において行われるのが習わしであった仮面を被った人 homo larvatus であると定められていたのである」(ib.)。ここではペルソナが劇において演じられる役割を表わす仮面を意味していたこと、更に仮面を通して声が響きわたることを意味していたことを語っている。

さて理性的被造物としてのペルソナ、つまりはそれは人間人格を意味するわけであるが、次には人間のペルソナの存在構造が明らかにされねばならない。ところで被造物としてのペルソナの規定は「結合 aggregatio」という点に注意すべきであって、それゆえペルソナは「複合的ペルソナ persona composita」と言ってよい (I, 440)。このように語られるためにはペルソナの本性が複合的でなければならない。「複合的本性 natura composita」とは理性的人間を構成する二つの本性、すなわち魂 anima (精神 spiritus) と身体 corpus である。この両者は相異なった本性ではあっても、両者の結合を離れては人間のペルソナは考えられないから、「複数の本性が一つのペルソナのうちに存在しうる」(I, 285, III, 365) と言うことができる。つまり「人間にあっては一つのペルソナは複数の本性、すなわち身体の本性と精神の本性を有する」(I, 413) ことになる。この見解はキリストにおけるいわゆる一格両性の説を背景にして語られているのであるが、特にボナヴェントゥラは、ボエティウスによって批判されたエウテュケースとネストリウスのナトゥラとペルソナに関する見解をあげ、両者が「ナトゥラとペルソナの間の区別を認識していない」と言う。こうした両者の誤謬を超えて、カトリック教会が次のように語ったことを是としている。「神性においては複数のペルソナと一つの本性が存し、キリストにおいては複数の本性と一つのペルソナが存している」(III, 133) と。これらのことは既にわれわれがボエティウスを叙述するさいに指摘してきたことである。

さて以上明らかであるように、人間のペルソナを考える場合には、複合体としてのペルソナが問題となった。すなわち、身体と魂との結合を離れてはペルソナは存在しない。その点については数多くの叙述が見いだされるが、ボナヴェントゥラが「結論」として掲げたのは次の点である、すなわち「身体を離れた魂は全くペルソナたる理由がない」(III, 136)。このような結論が下されるためには、従来の見解として、身体と魂とを分かって、後者のみをペルソナとして規定する学者が存したからである。それによれば魂が身体と結合すれば、魂の活動は狭められ、尊厳を欠くがゆえに「身体を離れた魂がペルソナである」ということになる。ボナヴェントゥラはこうした見解の持主として彼の師をあげるとともに、更にサン・ヴィクトールのフーゴー (Hugo de Sancto Victore, 1097-1141) の意見であったと言う。こうした主張に促していった根拠は、魂の活動は身体のそれよりも自由に完全に実現されるという点に存するわけである。「こうした見解は多くの学者たちによって共通して支持されないのである」(III, 136)。ともかく身体を離れた「魂 anima」のみがペルソナであるとし、尊厳が語られるのは身体の側にではなくして、ただ魂にのみ存するという師たちの見解をボナヴェントゥラは批判しているのであって、魂と身体との複合をもってペルソナとする彼の主張に注目する必要がある。

ところでボエティウスのペルソナの定義、「ペルソナとは理性的本性を有する個的実体である」における「理性的」の意味については既に明らかにされたが、次に個的実体 substantia individua における個体 individuum の意味が問題となる。この場合にもわれわれが上述において指摘したペルソナの複合体としての意義が保持されねばならない。「個体は実際、本質的存在 esse を有し、その上現実存在 existere を有する。質料は形相に現実存在を与えるが、形相は質料に本質存在の現実性 actus essendi を与える。——したがって個体化 individuatio というのは、被造物にあっては二重の原理によって同時に生じる」(II, 110)。ここで「二重の原理 principium duplex」と考えられるのは本質的存在と現実存在、形相と質料である。ボナヴェントゥラが被造物としてのペルソナの個体性を論じるに当たり、形相と質料との複合体を考え、この複合体を離れてはペルソナの意義が考えられないとしたことは特筆に値する。単なる形相としての「魂」にのみペルソナの意義を認める彼の師たちの見解は斥けられねばならない。形相と質料との区別は、本質的存在と現実存在との区別に相応するがゆえに、次の言葉は注目されねばならない。「本質のないペルソナを理解することは不可能である」(I, 142)。「ペルソナたることはそれ自体によって存在する様相を言うのである」(III, 229)。

以上のように被造物としてのペルソナが明らかにされたが、同じくペルソナと言っても神のペルソナも考えられる。ここでは三一性におけるペルソナが問題となる。さて既に明らかであるように、被造物のペルソナにおいては「結合」が問題となり、したがって「被造物においては複合的なペルソナ persona composita が存しなければならない」のであるが、「神においては単なる源泉 sola origo による個体化や区別が存する。」ここではペルソナは自己自身に起因するから、そこには全く「どんな付加もなく nulla additio」して複数化が存し、「複数化により区別と個体化が存する」(I, 440)。ここには神における三一性の見解が存し、これについては次のように語られる、「ペルソナは疑いもなく三者に共通であり、そして本質は共通である。しかし本質とペルソナには別の様式の共通性が存する。そしてこうしたことの理由は、ペルソナは複数化されるが、本質はそうでないからである」(I, 442)。神における三一性という場合、ペルソナは三つとして複数であるが、三つのペルソナのうちにはただ一つの神の本質しか存していない。したがってペルソナは本質を共通として有するが、一つではない。このことについてはさらに語源学的にも次のように語られる、「三一性とか三一的なものとかいう術語が含む一性 unitas はペルソナの一性ではなくして、本質の一性である。」語源学的に言えば、「三一性 trinitas は三者の一性 unitas trium である。そしてその時、一性は数えあげられるのではなくして、三つのものに共通しうるように意味される。そしてこの一性は本質的であるから、したがって本質的一性を生じさせることになる。そして確かにこの最後の語源は疑いもなく正しい」(I, 430)。

ところで共通性に関して言えば「絶対的本性の統一に従う共通性」とか「普遍的本性」と言われるものがある (I, 443)。こうした普遍的本性としての本質は個物に共通するものであるから、三ペルソナもまた本質を有する。ボナヴェントゥラは共通性について次のように語る、「絶対的本性の統一と同時に共通性は、ペトロやパウロに注目すれば人間性である。というのも普遍的本性は両者に見いだされるからである」(I, 443)。このように「被造物における個体」について言えば、個体という名称も共通である。しかしこうした見解に対して、ペルソナ概念は、既にリカルドゥスにおいてわれわれの知ったように、「唯一個的にして他と共通しえない」のであった。ボナヴェントゥラもペルソナのうちに「共通性の欠如 privatio communitatis」を見いだした。だから「ペルソナはいわば共通しえないと言われ、すなわち共通性の欠如に従うのである」(ib.)。このことはまたペルソナは「いわば独自性によって区別された」と言われるのである。「確かにペルソナは概念的に共通しえないと呼ばれている。そしてこのことは共通性の欠如と呼ばれる。さらにペルソナは区別する独自性の根底に存するものに基づいて非共通性を有するがゆえに、それはちょうどヒュポスタシスという名称によって呼ばれるように、独自性にかかわる状態を言うのである」(ib.)。

ここでボナヴェントゥラはヒュポスタシスという語を用いるが、これはまた既に述べられたように(本書六二ページ参照)、「主体 suppositum」と同意義であることは言うまでもない。「ペルソナとは理性的本性を有する、独自性によって区別された主体という名である」と既に言われていた(I, 436)。しかしヒュポスタシスという語の使用はボナヴェントゥラにおいては用いられることは少ない。ともかくギリシア人の用いるこの語の意味はあらゆる実体的な個体を表わしているのである。

さてボナヴェントゥラのペルソナ概念の考察は、ボエティウスを基点として、リカルドゥス、アレクサンダーによる概念の発展を踏まえて展開されたものであるが、ボエティウスの定義は「ペルソナとは理性的本性を有する個的実体である」ということであった。ここでの理性的という語を取り出し、それに道徳的意味を付加し、理性的存在をもって道徳的存在として規定することがボナヴェントゥラにとって重要となった。そしてその点からしてペルソナ存在の優位が認められ、尊厳こそがペルソナの特質を構成することになる。ここには彼の師アレクサンダーからの伝統的見解が支配する。そしてさらに「それ自体によって一なるもの per se una」としてペルソナを規定するところでは、それは単一にして他と共通性をもたないものとなる。ここでは先覚者リカルドゥスからの影響があるのである。以上のペルソナ概念の解明よりすれば、個的概念としてのペルソナにボナヴェントゥラが与えた特質は、彼の次の言葉に尽きると言ってよい。すなわち、ペルソナ概念のうちなる個体は次のような「三つの区別 distinctio triplex」を導入することになる。それは「単一性、共通不可能性、そして卓越せる優位 singularitas, incommunicabilitas et dignitas supereminentia」である。「個体と言われるのは、それ自身において分かたれず、他のものによって区別されたものである。私が単一性の区別というのは、あるものが複数のものと共通性をもたず、ただ一つのものについて語られるということである。それゆえにソクラテスというのは個体であるが、人間 homo というのは個体ではない。——共通不可能性の区分というのはあるものがあるものの部分ではないことを言う、……それゆえ人間の手でも足でも個体とは言われない。——卓越せる優位［尊厳］の区別と私が考えるのは、より価値ある特性によって認められる区別なのである。確かにこのペルソナという名称はより価値あるものから選び取られたのであり、それゆえ理性的であるがゆえに最も卓越した被造物の個体においてのみ見いだされるのである」(III, 133)。

以上のボナヴェントゥラのペルソナ概念の規定は既にわれわれの述べたリカルドゥスの概念規定、すなわち、「個的・単一的・共通不可能的」という独自性を一歩進めるものであるが、特に注目すべきはリカルドゥスの規定に更に彼の師アレクサンダーの「尊厳」という独自性によってペルソナを規定する定義を付け加え、「単一性・共通不可能性・尊厳性」という三特性を強調したことである。伝統的な神学において三一性として取り扱われてきた三つのペルソナが、神性の問題を離れて理性的被造物としての人間人格の問題として展開されるところにボナヴェントゥラの思想的特色があり、そのことは人間人格の優位・尊厳を強調した近世の倫理思想（特にカント）への先駆的意義を有するものである。

第三節　アルベルトゥス・マグヌス

われわれはアルベルトゥス・マグヌス（Albertus Magnus, ca.1193-1280）の『神学大全』第一部において、特にペルソナについて解明されている箇所に注目する。[12] 彼はその第四十四問題において「ペルソナというこの名称について」という標題を掲げているが、そのうち特に参照とすべきは、その第一章「ペルソナという名称の多様性について」と第二章「ペルソナという名称の定義について」である。

アルベルトゥスはペルソナの名称の多様性にあたって問題提起するに当たり、「確かにペルソナは神・天使・人間において語られる」と言う（M.I, 465）。したがってペルソナと呼ばれるものは神的なものに限られることなく、被造物としての存在にも適用されることになる。もとより神・天使・人間が一義的に語られるのではない。アルベルトゥスは上記第一章において名称の多様性について諸家の学説をあげたが、その「解決」において、まずイシドール（本書六〇ページ既出）の説に従い、次のように言う、「イシドールの言うように、ペルソナは自体的に一なるものの per se una と言われるが、自体的に一なるものはそれ自身において分かたれないものである。」だからこれに対して「分かたれる」ということが言われるものにあっては、つまり「本質的に自体的に分割である」と言われるところでは、「この完全な見解においては、神のペルソナに関しては語られないことになる。」神のペルソナが「本質的に一つであり、単に分割されないものである」（以上M.I, 468）ことはアルベルトゥスのペルソナ把握の基本的見解であるが、この問題は神の三つのペルソナという神学的問題においても重要である。

ところで上述の見解は既にダマスケヌス（J. Damascenus, ca.675-ca.749）においてみられ、それによれば、「神のペルソナは本質上それ自身において相互に引き離されない[13]」と。したがって「神的なものにあっては、自体的に一なるものは独自性によって区別された固有のものであるが、本質的には自体的にけっして他のものによって分割されることがない。」かくしてアルベルトゥスによれば、ペルソナという名称は「まず神について語られる」のであるが、神的本性は被造物の本性の原因であるから、両本性には共通可能性 communicabilitas が認められることになる。「神的なものにおける本性の共通可能性は……被造物における本性の共通可能性の原因にして原型である。」「被造物は神の似姿であり、理性的あるいは知性的である」（以上 M.I, 468）。ここでは被造物は「神の似姿 imago Dei」として、その本性は神的本性と共通であることが明らかである。

さて既に神的なものにあっては、ペルソナは三つのペルソナにおいて語られてきた。「かくして確かにペルソナはペルソナとして独立性によって区別されたヒュポスタシスであると呼ばれる。」ところで三一性における父はペルソナであると言われるときには、「本質的様相に従って」言われる本質ではない。そのさいには「父は完全に、そして実体的にペルソナとして独自性によって区別された存在者たる者である」と考えられる。しかし「父はペルソナにおいて子とは異なった者であると言われるが、そのさいには本質において異なった者ではありえない。」つまり父と子とはペルソナにおいては異なった者であり、それは「ペルソナとしての独自性において異なった者でなければならない。」要するにアルベルトゥスの言うところは、「父はペルソナにおいて子と相違するが、本質においては相違しない」（以上 M.I, 468）ということである。神的本質を共有しつつ、それぞれは独自性を有し、相違している。すなわち、それぞれは共通不可能であるが、他方共通可能性を有している。このことは神の似姿である被造物においても言えることであろう。以上の点からしてペルソナの定義として考えられるものは、次のように言ってよいであろう。「ペルソナは実体的に、そして完全に存在しつつペルソナの独自性において限定されたヒュポスタシス、あるいは実体である」(M.I, 469)。

この定義はアルベルトゥス自身の本来の意味でのペルソナの定義というよりもむしろ、彼に先立つ思想家たちの見解をふまえて下した定義であるが、彼自身はさらに上記の第四十四問題における第二章「ペルソナという名称の定義について」において、彼に先立つ思想家たち、特にわれわれが既に考察してきたボエティウス・リカルドゥス及びアレクサンダーらの学説をあげ、それぞれを批判・検討しているから、そこに彼の見解の概略が知られうるであろう。

まずペルソナという名称の定義について問われるのは次の四つの定義である。

第一の定義はボエティウスのそれであって、「ペルソナとは理性的本性を有する個的実体である。」

第二の定義は『三位一体』の書におけるリカルドゥスのそれであって、「ペルソナとは知性的本性を有する共通しえない存在者である。」

第三の定義は同じくリカルドゥスのそれであって、「ペルソナとは何かある理性的存在者の単一の様相に従ってそれだけでひとり存在している。」

第四の定義は師のそれであって、「ペルソナとは尊厳にかかわる独自性によって共通性をもたず区別されたヒュポスタシスである。」

第一の定義について言えば、ペルソナの共通的な意図に基づいて与えられたものであって、それは「神・天使・人間」に共通するものである。しかし理性的本性は神の本性ではなくて、「理性的本性は人間にだけ存する。」理性 ratio というのは「心の能力」として「比較・吟味」を事とする。だから神のペルソナを理性的本性によって定義するのは適切ではない。さらにまた「個的実体」という表現は特に神のペルソナについて用いられるのも適切ではない。実際、あるものを定義するに当たって提示されているものは幾倍にも増加して言われることができる、例えば「人間は可死的理性的動物である」と言われるときには、複数の人間は複数の可死的理性的動物である。それゆえそれと同じように、もしペルソナが個的実体であるならば、複数のペルソナは複数の個的実体であることになるが、三つのペルソナは存在上一つの個的実体、あるいは分かたれえない実体であるがゆえに、これは異端ということになる（M.II, 472-474)。以上の点からすればボエティウスの定義は神のペルソナには適切ではないことになる。

ところでボエティウスは神のペルソナをも理性的本性を有するものとしたのであるが、神的なものにあっては、「事態の単純性 simplicitas rei」に注目すれば、「ペルソナは本質であり、独自性は本質である」ということになる。もとより神的本質はわれわれの認識するところではない。ところがペルソナは神・人間に共通すると言われたから、アルベルトゥスは「共通の理解の仕方」に注目すれば、「われわれは神的なものを人間的なものから認識する」と言うが、ここで彼は「人間的なものは神的なものに関して写しである」と語るディオニシウス（Dionysius, ca.500?）[14]に論及する。したがって人間的ペルソナが理性的本性を有する以上、神的ペルソナも理性的本性を有しており、それ自身は本性そのものではあるまい。このことは事態の単純性に注目して「ペルソナは本質であり、独自性は本質である」と言われることは退けられねばならない。だからアルベルトゥスは言う、「ペルソナは理性的本性あるいは本質と言われるよりも理性的本性あるいは本質を有すると言われる方がいっそう適切である」（M. II, 474）と。ここでは直接態と間接態とが語られているわけであって、「ペルソナは本性を有するもの res naturae であるという場合には、直接に in recto 言われているのは、本性を有するものであり、これに反して間接に in obliquo 言われているのは本性である。」したがってペルソナを本性あるいは本質として規定することなく、既に言われたことをまた繰り返して、アルベルトゥスは「理性的本性と言われるよりも理性的本性を有すると言われる方が適切である」と言う。ここでは主格よりも属格 genitivus の表現を適切としているのである。したがって間接態を直接態に移し変える、つまり属格を主格に移し変えるところに非難すべき点があるのである。ペルソナは一本質三ペルソナと言われているように、本質そのものではないのである（ib.）。

第二の定義においてアルベルトゥスはリカルドゥスのペルソナの定義において「知性的本性 natura intellectualis」という表現に注目する。特にまた既にリカルドゥスは「ペルソナは神の本性の共通しえない存在者 existentia である」（本書五八ページ参照）と語っていたから、アルベルトゥスは、リカルドゥスはボエティウスの定義を訂正し、まずペルソナを神の領域において取り扱っているとする。すなわち、「リカルドゥスの二つの定義はボエティウスの定義を修正して神的なものに限定している。かくして神的なものの独自性によって与えられることは、神的なものに関して理性的であるよりむしろ知性的であること、個体であるよりもむしろ単一的 singularis であること、それ自身において基礎にあるよりもペルソナそれ自身の個体に従って存在しているということである」(M. II, 474)。しかしリカルドゥスがボエティウスの定義を訂正して、ペルソナを神の領域に制限するとはいっても、既にわれわれがリカルドゥスの思想を取り扱ったときに注目したように、彼は神の本性と人間の本性との相違を知っており、二通りのペルソナが考えられており、人間存在をもペルソナとして規定する見解は注目すべきであった。なおまたアルベルトゥスは神のペルソナは、リカルドゥスによれば、理性的であるよりも知性的であると言うが、リカルドゥスは既にわれわれの知ったように、「ペルソナはある理性的実体についてでなければ語られない」と言い、また神のペルソナは「理性的存在者」であった（本書五九ページ）。しかしアルベルトゥスは神の本性は知性的であることを強調し、人間のペルソナは理性的本性をもった個的実体であることになる。ここではボエティウスのペルソナの定義を人間存在に限ることになる。

さて次に、リカルドゥスはペルソナを「他と共通しえない存在者 existentia incommunicabilis」

と規定した（本書五九ページ）。ここでの「存在者 existentia」という表現についてそれは不適切であると言われる。すなわち、existentia は、その語の成分よりすれば、「ある他のものによって生ぜしめられた存在者 ens ex alio productum」である。しかしこのことは天使たちのペルソナにも、神的なものにおける父にも、人間におけるアダムにも適用されない。父は何かあるものに由来して存在するのではないし、アダムは何かあるものに由来する根源に従って存在するのではないからである。それに続いてさらに言えば、「ペルソナは existentia というよりもむしろ existens である」、だから「知性的本性を有するペルソナは、共通性をもたない existentia というよりも、共通性をもたず存在していると言われる方がいっそう適している」（M. II, 473）と言われるのである。

ところでアウグスティヌスは『三位一体論』の第七書において言う、「われわれは一本質の三つのペルソナ tres personas unius essentiae と語るが、それらは同一の本質から出てくるとか、本質とペルソナとの間の相違があるとか注目するのではない」と。これと同じようにアルベルトゥスも「われわれは同一の本質から由来する三つのペルソナとは言わない」と言う（M. II, 474）。ここでは「本質から由来するペルソナ persona ex essentia」という表現は避けられ、ex essentia という奪格 ablativus 表現に代わって「一本質の三つのペルソナ tres personas unius essentiae」という属格 genitivus 表現が是とされるのである。それはちょうど「神の善性 bonitas Dei」と言われる場合、「神自身が善である Deus seipso est bonus.」ことを属格で表現しているのと同じである（ib.）。一つの本質が三つのペルソナであるとすれば、本質と三つのペルソナは相違したものではなく、両者は同時に結合されているのである。

第三の定義について言えば、リカルドゥスの「ペルソナとは何かある理性的存在者の単一の様相に従ってそれだけでひとり存在している」という点について、例えばヒラリウス（Hirarius, ca.315-367）[15]は『三位一体論』の第七書において「神的なものにおいては、孤立 solitudo も単一性 singularitas も存しない」と言う（M. II, 473）。これについてアルベルトゥスの見解は次のとおりである。つまりリカルドゥスの定義においては、ペルソナはそれだけでひとり存在しているから単一性は存している。たとい神的本性から共通性を閉め出したとしても、ペルソナたることは神的なもののうちに存している。すなわち、父は単独の父 solus pater であり、子は単独の子である。このようにペルソナの定義においてはそれぞれに応じて単一性・非共通性は主張されてもよいのである（M. II, 476）。

さらにリカルドゥスが「何かある様相に従って secundum quemdam modum」と語った点に異論が唱えられた。すなわち、「何かある様相に従って」と言われる場合、その表現は漠然としており、限定されていない。つまりどういう様相であるか分からないのであると。しかしアルベルトゥスは、リカルドゥスの「単一の様相に従ってそれだけでひとり存在している」という語句を説明するために次のように言う、「何かある様相と言われるときには、あれこれのペルソナに関するかぎり、漠然としているが、誰かを限定しないほど漠然としていることはない。すなわち、あれこれの様相をいうのではなくて、単一に存在する様相をいうのである」(ib.)と。ここでは単一に存在する様相と語ることによって、事柄の漠然さから免れようとするのである。

第四の定義における「尊厳 dignitas」という要素を解明するために、アルベルトゥスはボエティウスにおいて解明されたように、語源的にはペルソナは「仮面を被った顔 facies lavata」であるとする。すなわち、一定の仮面を指定することによって尊厳において優ることが示される。そこでは日常の市民生活において特に高い優位にあるもの、尊厳の対象たりうるものが示されているのであって、例えば皇帝・長官・司教等々がペルソナと呼ばれたのである(M. II, 474)。ここではペルソナが個体とか主体とかの概念で呼ばれるのに対して、特に優位性の上から人間を言い表わすのにペルソナ概念が用いられることになる。このようにペルソナは一層卓越した者を表現しているが、また「理性的本性を有する自然的尊厳 dignitas naturalis においてある者」と言われる。(16) ここで「自然的尊厳」というのは「理性的本性を有する者」、すなわち「人間 homo」と呼ばれるものの他の存在者に対して有する優位性を語っているのである。このように定義されれば既にわれわれが前章において考察したボナヴェントゥラの被造物としての人間におけるペルソナの定義と共通するところがある。すなわち、「ペルソナとは被造物のうちで尊厳という独自性によって他のものから区別された理性的本性を有するものの主体を意味する」(本書六三ページ参照)。

以上のようにアルベルトゥスはペルソナ概念究明に当たって、先行する思想家たちのペルソナの定義を原則的に正当と見なし、そこから出発するのであるが、まずその名称が「神について語られる」として、一本質三ペルソナの見解に立脚し、三つのペルソナはそれぞれに共通する神的性質を有しつつ、しかもそれぞれは独自性を有し、相違しているとする。この考え方は先行する思想家たちの見解を超え出るほどではないし、また被造物におけるペルソナの把握も、同時代人ボナヴェントゥラのそれとほぼ同一であって、相違はなかったのである。

第四節　トマス・アクィナス

トマス・アクィナス（Thomas Aquinas, 1225-1274）のペルソナ概念究明の出発点は「ペルソナとは理性的本性を有する個的実体である」というボエティウスのペルソナの定義であった。彼はこのペルソナの定義を解明するためには、ボエティウス以後この定義について究明している先覚者たちの所説を参考にしてそれらを矛盾なく彼の見解の内に吸収している。ところでトマスはペルソナ概念の究明に当たって、その語源的意味と神学的・哲学的意味とを混同せず、厳密に区別している。すなわち、「それに由来して意味表示に関してあてがわれているもの」と「意味表示のために名称があてがわれているもの」とである。前者に関しては、ペルソナは「通して響く personare」から由来し、「人間の仮面を被った様相」を表示している。(17) 後者に関しては「この名称によって意味されるものは、すなわち知性的本性において自存するものであって、神に適合する、そしてそれはこのペルソナという名称によって独自に神的なものに受け入れられるのである」[18]。ここで前者に関しては「神に適合しない」が、後者に関しては「神に適合する」と言われる。

この「神に適合する」という点からして「知性的本性において自存するもの」が「尊厳」の対象となるとされる。「ペルソナがその表示のうちに含めている本性はすべての本性のうちで最も価値あるものであって、すなわちその由来に従えば知性的本性である。同じく存在様相もやはりそうである。」このように知性的本性と「それ自体によって存在しているもの per se existens」とが結合されて「ペルソナは最も価値あるものである persona est dignissimus」ということになる（QDP, ib. p.253）。こうしたペルソナの最高の価値性、すなわち「尊厳性 dignitas」の基づくところは「知性的本性において自存する」ということであった。こうした点は同じく『神学大全』においても叙述されているが、それによればここでは「知性的本性」という表現は「理性的本性」という表現に代えられている。すなわち、「理性が一般的に知性的本性を意味するかぎりにおいて、神は理性的本性をもつと言われうる」と語られている[19]。したがって「理性的本性において自存すること in rationali natura subsistere」がペルソナであり、これは神に適合し、最高の尊厳性をもつことになるが、これについては『神学大全』は概略次のように述べる。すなわち、喜劇や悲劇において描き出されている人物は著名な人びとであったから、この「ペルソナ」という名称は尊厳を有するある人びとを表示するようになった。そしてそこから教会において尊厳ある地位についた人びとを「ペルソナ」と名づけるのが常であった。そのためある人びとはペルソナを定義して、ペルソナとは「尊厳にかかわる独自性によって区別されたヒュポスタシスである」と限定している。[20] そして理性的本性において自存することは高い優位を意味するから、理性的本性を有するすべて個性はペルソナと称せられる。しかし神的本性の尊厳はあらゆる尊厳を凌駕するのであって、この意味において「ペルソナ」という名称は最高度に神に十分ふさわしい（ST, I, ib.）。

このようにペルソナが神に適合するのであれば、ペルソナは「全自然における最も完全なもの」であり、しかもそれは「理性的本性における自存するもの」として規定される（ib.）。この点よりすればペルソナは欠くるところなき完全なもの、それどころか最も完全なものを言う、「ペルソナは理性的本性をもった個体であり、その本性は最も完全にして、……究極の完全さにおいて最も完全なものを表示する。[21]」こうした最も完全なものに対して尊厳性が帰せられるのは当然であるが、被造物についてみても、「被造物において最も価値あるすべてのものは神に帰せられるべきであるから、適宜ペルソナという名称は神に帰せられうるのである」（QDP, ib., p.253 seq.）。ここでは被造物の価値性も神に帰せられるが、けだし最も価値ある被造物としての人間人格は神の似姿であるからである。トマスは言う、人間がすべての生物に優っているのは、理性と知性に関してであり、それゆえ人間は理性と知性とにおいて「神の像 imago Dei」に似せて作られている、と（ST, I, qu 3, ar 1, p.188）。しかも「理性的被造物は認識し、愛するというみずからの働きにより神そのものに触れる」(ST, I, qu 43, ar 3, p.249) のであるから、「理性的被造物のみが神のペルソナを有することができる」(ST, I, qu 38, ar 1, p.241)。もとよりこのように神のペルソナを所有することは、自己の力のみをもってしては到達しうるものではなく、それは与える者の賜物 donum である。神を真に認識し、正しく愛しうる者が神の愛を分有するに至ったとき、賜物が与えられると言ってよい (ib.)。しかし理性的被造物としての人間ペルソナは神のペルソナではない。次には被造物としてのペルソナについてボエティウスの定義を出発点として検討してみることにする。

さてボエティウスはペルソナをもって「理性的本性を有する個的実体である」と定義した。ここでは個的実体が理性的本性を有するのであるが、「実体 substantia」については、トマスはアリストテレスの実体の定義を出発点に取り、次のように規定する。すなわち、実体は二様に語られる、一方では「事物の何であるかということ quidditas rei」であり、こうした「スブスタンティア」はギリシア人が「ウーシア οὐσία」と呼ぶところのものであって、「われわれはそれを本質 essentia と呼ぶことができる。」他方では「スブスタンティア」と呼ばれているのは「実体の類において自存する基体あるいは主体[22] subiectum vel suppositum」である。こうした「基体」とか「主体」とかは論理的関係を表わす名称であるが、実在的名称で呼べば「本性を有するもの res naturae」「自存体 subsistentia」「ヒュポスタシス hypostasis」という三つの名称に相応している。これら三つについては次のように説明される、まず何らかの共通の本性に従属させられるかぎり、「本性を有するもの」と言われるのであって、例えば「この人間 hic homo」は「人間の本性を有するもの res naturae humanae」である。「人間性」は「人間」の形相的部分であるから、この人間は形相の担い手として基体であり、人間の本性を有するかぎり、主体である。次に「自存体」と言われるのは「他者においてではなくして、それ自身において存在するところのもの」である。さらに「ヒュポスタシス」は「偶有性〔付帯性〕accidentia」がそれに従属する基体であり、「偶有性」は自体的に存在するのではなく、他のものを基体とし、「基体において存在する」のである。このギリシア語はラテン人の「実体 substantia」にあたる語である。これら以上の三つの名称は一般に実体という類の全体にわたって共通的に表示されているのであるが、特に「理性的実体」という類において表示されているのが「ペルソナ」という名称である(ST, I, qu 29, ar 2, p.230)。

以上のように「実体」は二通りの意味をもっているが、一つは何であるかを規定する本質 essentia ないし本性 natura であり、他はそれを有している担い手としての具体的な主体である。しかし神は実体であるにしても、「神においては本質と存在 esse とは同じである (ST, I, qu 3, ar 4, p.189)」から、神的実体は単純であって、自存している。しかし被造物においては複合的実体として、本質ないし本性と具体的存在とは同一ではない。ここには単純実体としての神と複合実体としての被造物との相違がある。こうした単純実体と複合実体とについてさらに論究してみよう。さて何につけすべての事物においては、それらは「共通の本性」にかかわっている。この共通の本性は「本質あるいは何であるかということquidditas」であると言われる。ところで質料と形相とによって複合された事物においては、本質は基体subiectumと全く同一ではない。それゆえ本質は基体の述語とはならない。例えば「ソクラテスは一つの人間性una humanitasである」とは言われない。確かに「単純実体」においては本質と基体との相違はない。既に言われたように、「神においては本質と存在とは同じである。」それゆえそれにおいては共通の本性を個体化する個的質料が存するのではなくして、それにおける本質そのものが自存体である。アヴィセンナ（Avicenna, 980-1037）[23]がその『形而上学』において言うように、「単純なるものの本質そのものは単純である。」基体である実体には確かに二つの特性がある。その一つは支えとなる外的基礎を必要とせず、それ自身において支えられている。だから「自存するsubsistere」と言われ、他のものにおいてではなく、いわば「自体的に存する」と言われる。他は諸性質の担い手と言われる。つまり自体的に存するのではなくして、何か他のものを基体として、その基体において存在するのである。それゆえかくして基体である実体は自存するかぎり、ウーシオーシスοὐσίωσις、あるいは「自存体subsistentia」と言われ、スブスターレsubstare（もとに立っている、それを担っている）するかぎり、ギリシア人によればヒュポスタシス、ラテン人によれば「第一実体substantia prima」と言われる。だからここでいう「ヒュポスタシス」と「スブスタンティア」は「概念的にratione」相違はしているが、「実在的にre」同一であることは明らかである。確かに質料的実体においては、本質は実在的には実体と同一ではないが、形相的部分として自己保持している場合には、両者完全に対立したものではない。しかし非質料的実体にあっては、本質は実在的に実体と全く同一であるが、概念的には相違している。確かにペルソナは「ヒュポスタシス」であるが、それ以上に限定された本性を付け加えることによって、「理性的本性を有するヒュポスタシス hypostasis rationalis naturae」ということになる（QDP, ib., p.252)。

さてトマスは『神学大全』において「質料と形相によって複合された個体」について上記の主旨を次のように簡略して述べるが、ここではボエティウスのペルソナ概念の解明が意図されている。ここでの個体における「質料の独自性」と「形相の独自性」とについて言えば、前者によって「偶有性を担うこと substare accidenti」が可能であり、後者によって「自体的に自存すること per se subsistere」が可能となる。後者は質料に現実的存在を与え、それとともに個体の自存することが可能となる。それゆえボエティウスは「ヒュポスタシス」を質料に帰し、「ウーシオーシス」すなわち自存性 subsistentia を形相に帰したのである。というのも質料は「スブスターレすることの根源 principium substandi」であり、形相は「スブシステレすることの根源 principium subsistendi」であるからである（ST, I, qu 29, ar 2, p.230)。

さて「ヒュポスタシス」とか「第一実体」とか呼ばれているものは「実体の類における個体 individuum in genere substantiae」である（ib., qu 29, ar 1, p.230)。ペルソナが個的実体であると言われるかぎり、個体化の原理を含むヒュポスタシスと同義である。ヒュポスタシスと呼ばれるものはすべて個体である。しかも「個体とはみずからのうちに区別を含まず、かえって他のものから区別されているものである。したがってペルソナとはいかなる本性においてもその本性において区別されているものを表示するのである」(ib., qu 29, ar 4, p.231)。ところで「個別的・個体的なものがますます特殊なそして完全なあり方で見いだされる」のは「理性的な諸実体」においてである。このように個別的なものが「完全なあり方」で見いだされるという場合のあり方はトマスによれば、「みずからの行為に対する支配 dominium sui actus を有し、他のもののように単に働かされるだけでなく、みずからによって働くのである。」こうした自発性・自己活動性を有するものは「理性的本性を有する rationalis naturae」のであって、自発性の根源に見いだされるのは理性の能力である。だから理性的本性を有する「単一者 singularia」こそペルソナなのである(ib., qu 29, ar 1, p.230)。

以上のように理性的本性を有する自存体としてのペルソナは自己活動性として自己を支配し、他の実体と同じように受動的に働くばかりでなく、自主的な自存体として存在する。ここでのように自己活動性とともに受動的活動性をも有することを認めるのは、人間のペルソナの特性であるが、ここには質料と形相とから複合された被造物の特性がある。そして人間を単なる質料としての個体に終わらせず、ペルソナに高めるためには理性の能力が有意義であることが強調されねばならないのである。

さてペルソナは個的実体であった。人間ペルソナのもつ個別性に注目すれば、普遍性は当然排除されねばならない。人間という概念については「概念の共通性 communitas rationis」が存している。すなわち、「人間」は「種」とか「類」であると見なされるが、それはいずれの人間にも概念的に共通である。しかしこうした普遍的概念としての「人間」が抽象的に実在するものではない。現に存在しているのは一定の個体的人間である。ところで「人間」は質料と形相とから複合されたものであるから、その「本質」は単に形相だけを表示するのではないし、また単に質料だけを表示するものではなく、「種の根源であるかぎりの共通の質料と形相とから複合されたもの compositum ex materia et forma communi を表示している。」すなわち人間は、その本性としては形相としての魂、質料としての肉・骨等から複合されている。しかし他方において「この質料とこの形相」から複合されたものが「ヒュポスタシス」とか「ペルソナ」とか言われる性格を有するのである（ib., qu 29, ar 2, p.230）。この点についてさらにトマスは次のように語る、「はっきり指示された単一者」という名称において表示されているのは、「それを他者から区別する限定されたもの」である。例えば人間のペルソナとしてのソクラテスという名称においては、この肉やこの骨が表示されているのである。ここでは人間のペルソナの有する個別性が強調されているのである。ところでまたペルソナは理性的本性を有する個的実体であったし、「このような本性において自存するもの」（ib., qu 30, ar 4, p.232）であった。ここでは「理性的本性」はペルソナの形相としての側面を示しているのであるが、他面個体化の根源は質料としての身体的現実に帰せられるから、形相的要素と質料的要素との両面の結合が複合的実体としてのペルソナの特色である。

ところでしばしば言われてきたように、ペルソナは理性的本性を有する個的実体であった。ここで内容となっている個的実体は、すなわち「共通しえず、他のものから区別されたもの」である。これに関して言えば、そこでは「神・人間・天使」が考えられるが、神のペルソナと人間のペルソナについて言えば、次のように語られる、すなわち「神のペルソナは神の本性において区別された自存者 subsistens を意味するが、それはちょうど人間のペルソナが人間の本性において区別された自存者を意味するようである。そしてこのことは神のペルソナ並びに人間のペルソナの形式的意味である。しかし人間の本性において区別された自存者は、個的な質料によって個別化され、そして他のものによって全く異なったものとされているにほかならないがゆえに、このことは人間のペルソナが語られるときには、質料的に意味されているのは当然である。しかし神の本性において共通しえず区別されたものはただ関係 relatio たりうるにすぎない」(QDP. Qu 9, ar 4, p.254)。

ここで神の本性において区別されたものが「関係」を意味するということについて論及されねばならない。さて既にわれわれの知ったように、アウグスティヌスは神における三つのペルソナを「関係」として捉え、「この関係は可変的ではないから、偶有性ではない」とした(本書第二章第三節「アウグスティヌス」参照)。トマスは『神学大全』第一部第二十八問題において「神における諸関係について」論じている。「神においては基体における偶有性として存在するものは何もなくて、神においてあるものは何でも神の本質である。」したがって神は本質そのものであるから、神に帰属する関係は存せず、実在的な関係が存するとすれば、その関係は実際には本質と同一である。これに対して被造物においては「何かあるものへの関係」が語られ、そこでは「本質への何らかの関係」ではなくて、むしろ「対立者 oppositum への関係」が表示されている。「関係という点ではその対立者への顧慮が導き入れられるが、これは本質という名称のうちには入れられていない。それゆえ神においては関係の存在も本質の存在もそれぞれ別のものではなくて、同一のものであることは明らかである」(ST, I, qu 28, ar 2, p.229)。ここではトマスは関係を神の本質の外に措定する考え方（例えばポレのジルベール Gilbertus Porretanus, 1076-1154[24]）ではなくて、本質の内部における関係と解するのであって、そういう点では本質の一性を損うことはないのである。たとい神のペルソナが自存的に存するとしても、神における区分は自存するものとしての関係であり、神の本質にほかならない。第二十九問第四項もまた神に適用されるペルソナについて言う、「神的なものにおける関係とは……神の本性そのものであり、したがってそれは神の本質が自存するように自存している。したがって神性 deitas が神 deus であるように、神の父性 paternitas divina は父なる神 deus Pater であり、それは神のペルソナである。すなわち、神のペルソナは自存するものとしての関係を表示している。そしてこのことは神の本性において自存しているヒュポスタシスであるところの実体の様相によって関係を表示しているのである。」したがってここで「関係」と言われている場合の関係は「関係であるかぎりの関係 relatio inquantum est relatio」ではなくして、「実体の様相による」「絶対的様相による」関係を意味していたのである（ib., qu 29, ar 4, p.231）。要するに神においては「関係」は偶有性として考えられるのではなくして、実体的性格を有するあり方として考えられるのである。(25)

さて神のペルソナがそれぞれペルソナという名称を有する点では、概念的に共通性をもちうる、しかし「神のペルソナのそれぞれが神の本性において他のペルソナから区別されて自存している」と言われる場合、それぞれが他のペルソナから区別されている点においては共通性はないが、しかしトマスは非共通性に共通性をみている。「ペルソナは共通しえないものであるが、しかし非共通的に存在する様相そのものは複数のものに共通でありうる」（ib., qu 30, ar 4, p.232）。確かに上述のように神のペルソナのそれぞれがペルソナという名称をもつ点では、概念的に共通でありえても、しかし神のうちには普遍や類や種は存しないから、ペルソナの共通性は類や種の共通性ではない。トマスは「神の三つのペルソナは一つの存在を有する」（ib.）と言うが、これは「三つのペルソナは一つの本質のものである tres personae sunt unius essentiae」（ib., qu 39, ar 2, p.242）と言ってよい。したがって三つのそれぞれが一存在・一本質である。神のペルソナは複数であるが、同一存在たる本質を共有している。三つの存在は一である。これに対して人間のペルソナについて言えば、三人格と言われる場合、それぞれは人間の本質を共有しているが、しかし一つの存在を共有するわけではない。三者それぞれに存在する本質は普遍概念としてのものではなくして、三者それぞれに固有のものであり、それぞれが相互に区別されている。ここでは神のペルソナと人間のペルソナとの相違が存している。こうした見解に立つならば、近世的思考、特にカントにおいて人間の本質としての「人間性」を超個別的な普遍概念としてではなく、「本来的自己」として、本質の個別性が承認されていたことをわれわれは想起するのである。[26]

さてトマスは『神学大全』第三部において神の似姿としての人間が神の許に連れ戻されるために、天なる父よりこの世に遣わされたイエス・キリストのペルソナを問題とする。ここでは同じくペルソナと言っても、人間としてのペルソナとキリストのペルソナが区別して考えられている。ところでたびたび言われたように、「ペルソナとは理性的本性を有する個的実体である」が、そこではペルソナと本性とは同じ意味ではない。「本性」はアリストテレスの定義が言うように[27]、一種の本質 essentia を意味するといってよい。しかしペルソナが一つの本質のものであって、本質と本質を有する主体とが全く一体であるならば、強いて「本性を本性を有する主体 suppositum naturae から区別する必要はないであろう。」ところで質料と形相とから複合されたものにあっては「実在的には本性とそれを担う主体との相違がある」が、主体としての suppositum は、担い手として本性を含んでいる。本性とそれの担い手とは同一視されえないから、「われわれは、この人間は彼の人間性である、とは言わない。」人間性は人間の本性であって、人間はそれの担い手である。ここでは本性としてのものとそれの担い手との関係に注目されるべきである。ところで神のようにその種や本性を超えては何も存在せず、それ自身が一存在である場合には、本性と主体とは「実在的に」別のものではなくして、「概念的に secundum rationem」のみ区別が考えられる。これに対してわれわれが本性の担い手に重点を置く場合には、本性とそれの担い手とは実在的に区別されるから、そこでは理性を付与されたペルソナが担い手として問題となる。「主体（本性の担い手）について語られることは、理性的あるいは知性的な被造物におけるペルソナについて理解されるべきである、というのはペルソナはボエティウスによれば、理性的本性を有する個的実体にほかならないからである」(ST, III, qu 2, ar 2, p.771)。ここではボエティウスのペルソナの定義は「被造物におけるペルソナ persona in creatura」について述べられることになるが、このペルソナは主体として理性的本性を担い手とする存在者である。

ところで「神においては本性とペルソナとは実在的には別のものではない」と言われた。しかし人間本性を有するキリストの神の子としてのあり方が問題となったとき、人間本性と「神の御言 Verbum Dei」との結合はペルソナにおいて実現されたとしなければならない。もしそうでなければ「托身 incarnatio の信仰」はなくなり、キリスト教信仰のすべては破壊されるであろう。「御言は、それと結びついてはいるが、それの神的本性に所属しない人間本性を所有するから、この結合は御言のペルソナにおいて in persona Verbi 実現され、神の本性において実現されたのではないことは必然的である。」したがって神と人間との結合は「ペルソナにおいて実現され、本性において実現されたのではない。」このようにキリストにおいてのみ人間本性と神のロゴスとの結合がみられるがゆえに、その点によってキリストにわれわれのペルソナより以上の尊厳が帰せられることになる。「人間本性そのものはキリストにおいては、われわれにおけるよりも尊厳がある。というのもわれわれにおいては本性はいわばそれ自身存在し、独自のペルソナ存在を有しているが、キリストにおいては御言のペルソナにおいて存在するからである」(ib.)。ここにわれわれ人間におけるペルソナとキリストにおけるペルソナとの相違が考えられている。

以上の点よりすれば、「キリストのペルソナは二通りに考えられうる」ことになるが、一方では「御言の本性」のように「全く単純である」が、他方では「ある本性において自存している。」このように考えれば「キリストのペルソナは二様の本性において自存している」ことになる。すなわち、われわれは唯一の担い手を眼前に有するにしても、キリストは神の本性と人間の本性を担う者として現われる。こうした両者の複合によってキリストのペルソナは「複合的ペルソナpersona composita」と言われたのである。『神学大全』第三部第二問第四項は「キリストのペルソナは複合的であるかどうか」について論じられたが、その答えは上に述べられたとおりである。しかしすべて存在者はそれが一つのものであるというかぎりにおいてのみ存在するのであるから、ペルソナに関しても唯一の担い手としての存在のみが存することになる。それはちょうど肉体と魂とから複合された生物が、それぞれを単独に見た場合には、生物とは言えないのと同じことである。以上キリストのペルソナと人間のペルソナとはいずれも「複合的ペルソナ」であるにしても、前者と後者との相違が明らかにされたのである。

トマスにおけるペルソナ概念の究明は、彼に先行する伝統的見解を踏まえて、彼自身の問題解決を実行したことになるが、特にボエティウスにおけるペルソナの定義は重要な出発点であった。この定義における「実体概念」はアリストテレスに基づいて言えば、ギリシア人が

οὐσία（essentia）と呼ぶものが第一の意味であり、他方では本質や形相の担い手である「基体subiectum」あるいは「主体suppositum」を意味する。前者の存在は「単純実体」としての「神」に適合するし、後者は「複合実体」としての被造物に適合する。しかもボエティウスにおける「理性的本性を有する個的実体」を「知性的本性において自存するもの」と規定し、それをペルソナのあり方とするとき、それが神に適合するならば、その点にトマスは最高の「尊厳性」を見いだす。しかしこの尊厳性を導出するためには、ペルソナの語源学的意味を考慮する必要がある。すなわち、喜劇や悲劇において表現されている著名な人物、したがって尊厳を有する人びと、ならびに教会において尊厳ある地位についた人びとをペルソナと呼ぶ習わしがあった。神の本性はあらゆる尊厳を凌駕するから、神のペルソナは最高の尊厳性を意味することになる。ここではペルソナ概念は被造物の領域から取り出され、神に転用されることになる。

ところで第一実体にとっては、その機能の上からして「自存性」「本性を有するものres naturae」および「ヒュポスタシス」という名称が帰属する。こうした名称の意味を包括しているのはペルソナ概念であって、それは「理性を付与された個的実体」という類において表示されているのである。ペルソナがそれ自身において存在し、他のものに依存しない自立的存在者として、しかも理性的本性を有する主体、すなわち理性的実体、理性的存在者として規定されていることはその後のこの語の哲学的発展にとっては重要な意味をもっているのである。そして神学的には、他面において神の三一性が問題とされていくのである。ペルソナ概念を神に適合するとした場合には、神学は神における「三つのペルソナ」を問題とする。ペルソナが複数であるならば、ペルソナ概念は単に唯一のものたる本性を表わすとは言えない。しかしトマスは神における複数性は「根源関係」によって可能であるとする。関係を本質内部における関係と解することによって、本質の一性を損うことはないということになる。さらに最後にトマスはキリストのペルソナを「複合的ペルソナ」として規定しつつも、そこに人間ペルソナとの相違が存することを神学的に究明したのである。

第五節　ドゥンス・スコトゥス

神と三つのペルソナについては既にテルトゥリアヌス以来、キリスト教神学の根本問題の一つとしてさまざまに論議されてきたのであるが、ここではスコットランド出身と言われるドゥンス・スコトゥス（Duns Scotus, ca. 1270-1308）における神と三つのペルソナの問題、それとの関連における被造物としてのペルソナの解明について考察されるのである。特にペルソナの問題についてはスコトゥスは同じ国出身のリカルドゥスによるペルソナ概念の定義を基礎として、それの発展に議論を集中させている。ペルソナ概念については「一本質、あるいは一実体、三ペルソナ」というアウグスティヌスの法式は既に確立されていた。今ここで問題とするドゥンス・スコトゥスもまた、まず伝統に従っているわけであり、「われわれは実体に即して語られ、たびたび

本質を表示する事柄をばアウグスティヌスの陳述による以上に明らかに説明する」と語っている。(28)
スコトゥスもトマス同様に、実体をもってまず第一に神の本質・本性と規定した。「神の本質と神のすべての完全性は実体と言われうる」(I Sent., D. 26. ib., p.315)のであるが、こうした「本質即実体」としての「神」に対して、「神の三つのペルソナ」に関してはヒエロニムス(Hieronymus, ca. 342-420)(29)のカトリック信仰の陳述に従って次のように語られる、「われわれはペルソナの名称によってある種の独自性を理解しようと思うが、そのさいには三つのペルソナが述べられる。しかしもっと適切には、われわれは自存体 subsistentia、あるいはヒュポスタシスを理解するのである」(I Sent., D. 25, ib.)。ここでは「ギリシア人の表現するヒュポスタシス」が「自存体」と換言されているのである。このことは既にトマスにおいてみられたとおりであるが、特にスコトゥスにおいてはのちに展開されるように「共通しえない」ということが問題となる。

ところで「神性は神の本性においてすべて自存するものにとって共通である」(I Sent., D. 19, ib., p.192.)と言われるから、三つのペルソナには共通するものとして、「神の本性」が考えられる。しかも「理解したり、意欲したりすることは、その本性の独自の活動であるから、本性は知性 intellectus と意志 voluntas とである。」このように「知性と意志」は「本質の内部での完全性」であって、「偶有性ではない。」したがって知性と意志は本質そのものに自体的に存するのであって、「独自に偶有性たるものは英知 sapientia と愛 charitas とである。」これに対して「人間は理性的であるがゆえに、そのような被造物であって、というのもそれはちょうどそのように知性が全くのいのちであり、意志が全くのいのちであるのだから」（I Sent., D26, ib., p.351f.）。ここでは「被造物の本性」が「神の本質」と実在的には同一であるとされている。理性的存在である人間は、神の被造物である以上、「神の活動する独自の基礎」を本質的に有するのである。

以上のような神の本質の基礎的規定、すなわち「知性〔悟性〕と意志」という規定においてはギリシア哲学とキリスト教神学とが調和しているのであるが、この規定は近世哲学、特にカントにとっても妥当すると言われている。(30)

さて次に三つの神のペルソナと被造物としての人間のペルソナとについて論及されねばならない。ペルソナの定義は既にボエティウスによって次のように明確にされた。すなわち、「ペルソナとは理性的本性を有する個的実体である。」この有名なペルソナの定義は、リカルドゥスによっては次にように修正された、すなわち「ペルソナとは知性的本性を有する共通しえない存在である。」ところがスコトゥスはボエティウスのペルソナの定義については、それは「神には元来適合しないであろう」と言う。そうなれば「ペルソナという名称はただ独自に理性的と言われる人間に適合するであろう」（I Sent., D 23, ib., p.261）。ここで明らかにペルソナと呼ばれるものとして、理性的人間が考えられるのは明らかであり、さらに他方神性の三つのペルソナが伝統的に考えられている。しかしながら特にスコトゥスが注目するのは、リカルドゥスのペルソナ定義における「知性的本性を有する共通しえない存在」ということである。特にスコトゥスは「共通しえないということ incommunicabilitas」の意味するところを考察しようとするのであるが、「知性的本性」を有する点では「共通の本性」が語られていることにも注目しなければならない。

さてリカルドゥスの定義において「知性的本性」と「共通しえない」という点に関して言えば、「父の内には知性的本性があり、そして共通しえない実在がある」ということになる。ここでは神性の内なる三つの神的ペルソナが考えられているわけであるが、特にまず「共通しえない」ということが問題となる。共通しえないというのは「共通可能性 communicabilitas」の否定を言うのであるから、「共通可能性」の意味について考えてみる必要がある。「共通可能性」について言えば、「神の本性は共通可能である」と言われるように、この場合の「神の本性」と言われるものは「神の一性 unitas Dei」を意味し、「分割することなく共通可能である。」「本性」は一般的に言って「どんな方法によっても同一性によって多くのものに共通可能である」(I Sent., D. 2, Tom.8, p.588)。また「いかなる自己の本質も共通しえないということはない」(I Sent., D.26, p.306)。

ところで「多くのものに共通可能である」ということは次のように考えられる。まずさしあたって「普遍的なもの」が考えられるが、それはその下に属するものにとっては共通であると言われる。例えば神性の内なる三つのペルソナが「知性的本性」を有する点では共通であるし、またソクラテスもキケロも普遍的概念としての人間性の下に包括されて共通である。また別の面から考えてみると、人間のペルソナは魂と身体との複合体から成るから、具体的人間としてのペルソナが生じうるためには、魂は身体と共通性をもたねばならない。つまり魂のみではペルソナではないことになる。「身体を離れた魂」をもってペルソナであるとする見解は従来みられた見解であったが、われわれは既にボナヴェントゥラにおいて検討されたように、この見解は拒否されねばならなかった。スコトゥスもまた「身体を離れた魂」は身体を共有しない以上はペルソナでではないとしている。いずれにしてもスコトゥスもまたペルソナについては、神的ペルソナと被造物としての人間ペルソナを考えていたのである。

ところで「共通しえないという概念は神と被造物、つまり神のペルソナと被造物のペルソナにとって一義的である」(III Sent., D. 1, Tom. 14, p.27) と言われるが、もとより神のペルソナと被造物のペルソナとが全く同じ意味での「共通可能性の否定」を有するとは言えない。この点は「共通可能性 communicabilitas」の問題をさらにのちになって十分に検討するとき明らかにされるであろう。ともかく神のペルソナについては、それぞれは神の本性、すなわち神性のうちに存しているが、しかし共通性はもたない。父は子ではないし、子は父ではなく、そこには共通性の否定が存するし、父と子とが複合して一つのものにされることもない。それと同じく被造物のペルソナ、すなわち人間のペルソナについてみても、それは魂と身体との複合体については人間性という共通せる本性を有しているが、しかし魂と身体とはそれぞれ同一ではない。「ペルソナは共通不可能性と呼ばれているばかりではなく、存在せる知性的本性を有すると見なされている、それはちょうど個体が共通せる本性を有するがごとくである」(I Sent., D. 23, p.261)。

以上の点よりすれば、ペルソナにおいて共通不可能性と共通可能性（知性的本性の所有）とが承認されるのであるが、ここでは否定と肯定とが表現されている。つまり「ペルソナは共通可能性の否定を導入するばかりでなく、何かある肯定的なものを導入している。」つまり「形式的にはペルソナは知性的本性を有する共通不可能な存在である」ということになる（I Sent., D. 23, p.262）。結局神における三つのペルソナはそれぞれが共通しえないのではあるにしても、神の本質の内にあるものとしては共通しうるのである。

ところで神の三つのペルソナはそれぞれが共通しえないと言われる以上は、互いに関係は存しない。「関係」が語られるときには、通常は「あるものがあるものと関係的 relativus であると言われる。」しかしながらスコトゥスはこうした対立を度外視した一般的な見地において関係を言い表わしている。「かくしてペルソナは関係概念の下における関係を表示しているのではなくして、何かあるより一般的概念 ratio communior の下における関係を表示している。それゆえペルソナは自分に関してあるとか、他に関してあるとかとは別のより一般的なものを表示している」(Reportata Parisiensia, I, D. 25, Opera omn., Tom. 22, 1894, p.291)。以上の点よりすれば、結局は通常の意味における「関係」概念が退けられることになるが、そうなれば依然として残っているのはペルソナが「知性的本性」を有するということだけである。だから関係論は結局三つのものに共通する本質性のうちにおいて論じられていくことになる。

ところでスコトゥスは「本質 essentia と関係 relatio」「本質と組み合わされた関係」を強調する。それゆえ既にわれわれがトマスにおいて知ったように、関係を神の本質の外に措定するのではなくて、「神においては関係の存在も本質の存在もそれぞれ別のものではなくして、同一のものであることは明らかである」と言われていたことをわれわれは想起せねばならない（本書九四ページ参照）。スコトゥスもまた本質と関係とを同一次元において考察する、「本質と関係はペルソナを構成する。」「本質と関係とがペルソナを構成するのは、ただ関係が本質のうちにあるときだけである。」したがって関係は本質のうちにあるのであるが、それは「本質と組み合わされた関係」と言われるゆえんである。したがってこの関係は本質を離れたところで、つまり本質の外にみられる関係ではなく、「根源の関係 relatio originis」である。それゆえ「根源の関係と本質とがペルソナを構成することにおいて結合されるのである。」実に「神的本質こそが神のすべての諸関係の実在性である」（Quodlibet., Quaestio III, Opera omn., Tom. 25, 1895 p.120f.）。こうした本質とペルソナ存在とのいわば超越論的関係論は被造物と創造者との関係、つまり被造物の創造者に対する受動的可能性における関係においても注意さるべきである。[31]

さて神の三つのペルソナはそれぞれが共通しえないのであったから、それはまた「共通可能性の否定 negatio communicabilitatis」とも言われたのであるが、「共通しえないという概念」は、既に知ったように（本書一〇四ページ参照）、「神と被造物、つまり神のペルソナと被造物のペルソナにとって一義的である」と言われた。しかしながらスコトゥスは「共通することについて矛盾を含む共通可能性の否定は一義的ではない、なぜならそれは被造物には適合しないからである」と言う（III Sent., D. 1, p.27）。したがって「共通可能性の否定」はペルソナに帰せられるけれども、神と被造物（人間）のペルソナにおいてはそれぞれが「否定」にかかわる仕方においては相違が存することが認められねばならない。ともかく「完全なるペルソナの概念にかかわるところでは、もし共通しえないということが、いずれの場合においても共通性の否定を言うのみならず、共通することについての矛盾を言うとなれば、神のペルソナ以外に完全にペルソナなるものはない」(ib.)。ここで「共通することについての矛盾」を有することが、神のペルソナと人間のペルソナとを区別する要点となっていることにわれわれは注意を向けねばならないが、その点については次のような箇所も見いだされる。「神のペルソナだけが独自の完全なるペルソナ性を有するが、しかし被造物の本性はそれ自身それを有さない、なぜならそれは依存しうることについての矛盾を有しないからである。」「被造物のうちにあるのはそうした矛盾ではなくして、現勢的な依存性の否定 negatio dependentiae actualis だけである」(Quodlibet, Q. XIX, Tom. 26, p.289)。ここで神のペルソナについては依存性についての矛盾が存し、被造物のペルソナにはそうした矛盾はないが、実際の現勢的な依存性の否定が存すると言われる。ここで「依存性 dependentia」の問題を人間ペルソナに関して論及する必要がある。依存性の問題は「共通可能性」の問題と関連しているのである。

ところでスコトゥスは言う、「被造物のペルソナは、それが従属の活動力 potentia obedientialis のうちにあるときには、それに関与することに矛盾しないがゆえに、それゆえ共通不可能ということはない」(III Sent., ib.)。したがって被造物のペルソナは共通不可能な点を有するとしても、神の活動力 potentia divina に従属・依存するかぎりは、それに関与することになる。「依存する活動力の否定は被造物にはけっして適合しない」(ib.)。このように被造物としての人間ペルソナは「神の活動力」に従属する。それは「活動力への依存性」である。「人間の本性の全存在は神に向かって従属する完全なる力のうちにある」(ib., p.30)。すべて神によって創造された被造物にあっては、神の活動力の対象となる受動的可能性が存するから、この「従属の活動力」は前提されうるのである。だからこうした力、すなわち「超自然的な能動的力 potentia activa supernaturalis」への「依存性の否定」は人間ペルソナにとっては適切ではないことになる。

ところでわれわれはあるものが実際にあるものに依存していると言うが、そのときにはこうした依存性は実際にあるものが限定づけられていることになる。「人間の本性は実際に何か他の本性の主体 suppositum に依存しうる」(ib., p.29)と言われるが、そのときには自己の本性ではなくて、他の本性に従属することになる。もとより上に述べられたように、「神の活動力」によって従属させられる場合には、その依存性は矛盾することはない。しかし他の本性に従属されられることになれば、真のペルソナたる意義は喪失されてしまうであろう。したがってスコトゥスが「共通しえない」という概念の解明に当たって、まず第一に「現勢的な依存性の否定」を掲げたのは、ペルソナの「独立性 independentia」「自体的存在性 perseitas」を強調するためであったのである。

さて次にわれわれは常に活動している者であるが、果たしてどの程度までその本性に適合しているか、また他から妨げられることなく、自己の存在を保持し、自分自身常に「中心に存在して」適合しているか、こうした自己の本性に従う「自然的傾向 inclinatio naturalis」を有するならば、人間存在は「自己の中心に適合的に依存している」ことになる。したがってこの意味での「適合的な依存性 dependentia aptitudinalis」は、独自の自己の本性に従う自然的傾向を有するとすれば、肯定されなければならない。しかしそれにもかかわらず、人間存在が「ただ他の主体、あるいは他の本性の主体に従う自然的傾向性を有するとすれば、このことは自己独自の本性の主体に従う自然的傾向を有しないことになる」(ib.)。それゆえペルソナであるものは、他の本性に従う依存性の否定、すなわち上にあげられた「適合的な依存性」の否定も強調されることになる。したがってこの否定は、他の本性に対しては「対立する傾向 inclinatio opposita」「反対の適合性 aptitudinalia contraria」として存することになる(Quodlibet., ib., p.287)。以上の点からすれば、スコトゥスが欲したことは次のことである、すなわち「独自のペルソナと呼ばれるものは、現勢的にも適合的にも他の主体に依存することとの否定である」と(III Sent., ib., p.30)。真のペルソナと呼ばれるものがこうした依存性・従属性からの独立性に求められるところにペルソナの「共通不可能性」の意味があったのである。こうした依存性からの独立性は結局「究極の孤立 ultima solitudo」を要求するものである。「究極の孤立は、すなわち他の本性のペルソナに関しては現勢的にも適合的にも依存することの否定である」(ib., p.45)。

以上のようにスコトゥスは人間のペルソナ概念を「共通不可能」「関与の否定」という意味において解明したのであるが、「共通可能性」の意味するところを「依存性」の概念のもつ意味と同一視して、「依存性」を「現勢的な依存性」「活動力への依存性」そして「適合的な依存性」の三とおりの依存性に区別し、特に被造物のペルソナ概念については、第一と第三の依存性の否定を強調したのである。

ところで最初に言われたように、リカルドゥスは「ペルソナとは知性的本性を有する共通しえない存在である」という定義を下したが、スコトゥスの出発点はこの定義を基礎としてのペルソナ概念の解明であった。「共通しえない存在」は「自体的に存在しているもの per se existens」である（ib., p.5）。この存在はそれ自身独自の存在であって、独自の存在たるものは、他のものに関与することなく、単一性を有する。「被造物の本性は単一性 singualitas において自己を保持しているように、少なくとも単一なるこの知性的本性はペルソナたることにおいて自己を保持していると思われる。ともかくこのようにして被造物の本性は自己の単一性がなければ、同時に存続することができないから、単一である。かくして単一なる知性的本性は自己のペルソナたることがなければ同時に存続することができないのである」（ib., p.5）。ここで人間の本性が知性的本性、単一性を有することによってペルソナたることが明らかにされているのである。

さて既に明らかにされたように、真のペルソナと呼ばれるものは、現勢的にも適合的にも他の主体に依存せず、「単純にそれ自身において自存せるもの simpliciter in se subsistens」「自体的に存立せるもの per se standum」である。以上のようにリカルドゥスによって与えられたペルソナの定義はスコトゥスによって「共通不可能性」＝「依存性の否定」（独自性＝自存性）という点において闡明にされたのである。単一なる独自の主体的本性は、ボエティウスにおいては「理性的rationalis」であったし、リカルドゥスにおいては「知性的intellectualis」であった。こうした本性に依存するかぎり、ペルソナの真の意義が存し、この本性を離れて他の本性の主体に従属すれば、ペルソナたる意義は喪失されるのである。

以上のように人間ペルソナが、それ自身において自立せるもの、自己の本性にのみ依存し、「自体的存在性perseitas」を有するところに「尊厳dignitas」の意義もまた考えられるのである。

第四章　宗教改革者ルターにおける信仰とペルソナの問題

アウグスティヌスは大著『三位一体論』において「われわれはあえて一本質三実体とは言わず、これに反して一本質あるいは一実体、三ペルソナと言う」と語っていた（本書二七ページ参照）。三一性に関するこうした理解は、その後のキリスト教の神学者たちに継承されていったが、今ここで論じるルター（M. Luther, 1483-1546）もまた、神性のうちに「三つのペルソナ」が存し、そして「神においては初めに同じものが存した」と言う。このことを説明すれば「父と子と聖霊とは唯一の神的本質であり、そして実に神的本質のうちには三つのペルソナが存するがゆえに、三つは唯一の神たるにとどまる。だから正当に本来的に聖なる三位一体について語られねばならない」ということになる（Auslegung des ersten u. zweiten Kapitels Johannis in Predigten, 1537 u. 1538. WA 46, S.550）[1]。

ところでルターはペルソナという用語について次のように述べている、「われわれは〈ペルソナ〉という語を使用せねばならなかったのであるが、それはそもそも老練者たちも使用したのと同じことである。というのもわれわれはそれ以外のいかなる語をも有していないからであり、そしてその語はヒュポスタシス、本質あるいは実体を言うにほかならず、それはそれだけで存し、それは神である」と（ib.）。しかしここでペルソナという語がヒュポスタシス・本質・実体と全く同一に取り扱われている点については、スコラ哲学がそれぞれを概念的に明確に解明した点よりすれば（例えばトマスを参照）、曖昧さを残していると言えようが、ルターにおいては「三つの区別されたペルソナが神性のうちに存し、それにもかかわらず単に唯一の神的存在にすぎない」というにとどまっている（ib.）。この点について特にルターの注目したのは『ヨハネによる福音書』であった。それは「イエスが神の子キリストであると信じさせる」ために書かれたのである（ヨハネ、二〇の三一）[2]。ルターは、上述のことがらについての論説を「みごとに記述し、説明しえたのは福音書の著者ヨハネひとりであって、そのほかにはいかなる他の著者もなしえなかった」と言う（ib.）。特にルターの注目するのは、われわれが「永遠の生命 vita aeterna」を得るために神がこの世に送ったその子を信じる点にあった。ヨハネは言う、「永遠の生命とは、唯一の真の神であるあなたと、あなたがお遣わしになったイエス・キリストを知ることである」（一七の三）と。しかしルターにとっては神のうちに三つのペルソナが存し、本質としての「唯一の神」と「三つのペルソナ」との関係の問題（特にトマスにおける「根源関係」のような）は神学的に論じられることはなかった。

さてルターはペルソナを神の領域に適用すると同時に人間の領域にも適用する。特に神のペルソナを問題とする神学は人間ペルソナ（人格）を問題とする哲学とは異なった領域である。それに関しては次の言葉が参照されねばならない。すなわち、神の子が「人間の種の何かあるものを意味するとき」には、「自体的に自存するペルソナ persona per se subsistentialis を意味する。これが哲学的意味である。キリストについて論じられるときには、他の意味である。これはあの造り出された哲学的ペルソナに従属してはいない。」「人間ペルソナは受肉した神的ペルソナを意味しているが、哲学では造り出されたペルソナ persona ficta を意味している」(Die Disputation über Joh. 1, 14. 1539, WA 39/2, S.10 u.f.)。ここでルターは神のペルソナと人間のペルソナとを区別しているのであるが、後者は哲学において虚構された意味でのペルソナ概念であり、神学におけるペルソナ概念とは異なるものである。ルターにとってはペルソナ概念は、元来神の子キリストに適用されるものであったが、それから派生して哲学においては人間人格を意味するものとなったと言ってよい。しかし以下に展開されるペルソナ論は人間人格を中心とするのであるが、それは信仰と結びつくのであるから、神学的要素を多分に有するものである。

さて人間のペルソナと神のペルソナ、すなわち「神の遣わし下さった子」との関係は「信仰」において結びつくのであって、純粋に人格的な信仰がルターの神学的倫理学の基礎となっている。「神から遣わされた者を信じること」「子を見て信じる者」(ヨハネ、六の二九、四〇)という「キリストにおける正しい信仰」(Von der Freiheit eines Christenmenschen, 1520, WA 7, S.23) がわれわれの道徳的人格の最高の目標である。すなわち、この「正しい信仰」に応じる主体は人間人格の真のあり方としての「正しいペルソナ die rechte Person」なのである。したがって人格のこの「正しい信仰」こそが唯一の価値ある動機として人間人格の道徳性を形成するのである。

ところで『新約聖書』における πρόσωπον, persona という表現は、「役割・地位・人格・外貌」などを意味し、神はそうした特殊的外面的なものを問題とせず、公平に判断し給うことが重要であった（本書第二章第一節参照）。ルターもまたこうした伝統に立って、人間が社会においてさまざまに演じる「役割」などを度外視する。「われわれはもろもろの人間のうちにあって役割 person の区別をしてはならず、こうした神の好意とやさしさはわれわれの職務や外貌に起因するのではなく、ただひとり神の慈悲心に由来している。……というのも神はペルソナ（役割）を愛するのではなく、本性 Natur を愛するからであり、そして神は役割的 personselig ではなく、人にやさしい leutselig と呼ばれるのである」(Kirchenpostille, 1522, WA 10/1, S.99)。ここではいわゆる「神の面前に coram Deo」立つならば、ペルソナがその語の語源的由来よりしてもっていた意味としての、人間の外面的なもの、すなわち「役割」あるいは「ペルソナの外的な仮面 Larven、大いなる名声、威厳など」は何の意味をももたず、それらを無視するところにペルソナの真のあり方が問題となる (Crucigers Sommerpostille, 1544, WA 22, S.277)。だから「あなたがた人間の役割や仮面を顧慮せずに、神においてあなたがたの良心に従いなさい」という命令が発せられるのである (Vom Missbrauch der Messe, 1521, WA 8, S.563)。

以上のようにペルソナが元来有していた外面的なものが真のペルソナにとって価値あるものと見なされえない以上、ペルソナの真のあり方、すなわち「正しいペルソナ」はいかにあるべきか。

ルターは『ヨハネ福音書の第一、二章の解釈』という「説教」(一五三七―三八年)において、「ペルソナはキリストへの信仰によってのみ義とされる」が、それは「恩寵と真理に満ちて、父より生まれた子を信じる」ことであると語る(WA 46, S.642)。ここではルターは次の『ヨハネによる福音書』の言葉に依拠している。「恩寵と真理はイエス・キリストによって実現された」(一の一七)、「信じるすべての人は彼において永遠の生命を有する」(三の一五)、「み子において信じる人は永遠の生命を有する」(三の三六)。

ところでアダムとその後裔は既に最善の行為をなしたとし、高度の知性や理性を有して徳や慈悲に向かい、よい法律や秩序を作り、家庭や世の中を極めてうまく処理して、そのことが世のために偉大にして素晴らしい天分のせいであり、偉大なる名声を博することだとする。しかしながら「これら一切は正しい本質ではないし、神にとっては存しえないことだ。」こうした一切に対してルターは極めて厳しい態度で望んでいる。彼は次のように言う、人間としてのペルソナはアダムが罪と死を受け継いだがゆえに、神の怒りと不興を買い、その後はたとい善行をなすにしても、まじめさはなく、間違いばかりで誠実さを欠いている。それどころか神に対しては「全くの見せかけ、仮面、そして謝肉祭劇」があるのみであって「正しいペルソナ、あるいは本質存在」は存しない。したがって全人類のすべての行為がそんなに素晴らしくありえても、それは「キリストの恩寵と認識がなければ、嘘の誤った偽善、亡霊、そして迷妄であると思われるのである」(Auslegung des ersten und zweiten Kapitels Johannis in Predigten 1537-38, S.642)。

さてペルソナの外面的なものに注目せず、正しいペルソナの本質存在を「信仰」に見いだす場合には、ペルソナの内面性に注目されねばならないが、そうなれば外的行為に現われる以前のペルソナの善性が強調されることになる。「神の前にあってはペルソナは行為に先立ってまず善でなければならない。しかし確かに人は人の前にあっては、その行為によって義とされる、人が判断するのはその行為に従ってであって、気力Mut、あるいは心胸Herzに従ってではない。」「人はペルソナをその行為に従って裁くが、神は行為をペルソナに従って裁くのである」(Kirchenpostille, 1522, WA 10/1, S.339)。ここでは「行為Werk」が人を義とするのではなく、行為に先立つ人格が善・義でなければならない。こうした見解は『キリスト者の自由について』において述べられた思想の再現である。すなわち、ルターは「二つの金言」として次のように言う、「よい義しい行為がけっしてよい義しい人を作るのではなくして、よい義しい人がよい義しい行為をするのである。」「悪い行為がけっして悪い人を作るのではなくして、悪い人が悪い行為をするのである。」「したがっていつでもすべてのよい行為に先立って人格がまず善にして義しくあらねばならない、そしてよい行為は義しいよい人格から結果として由来するのである」(Von der Freiheit eines Christenmenschen, 1520, WA 7, S.32)。ここでは行為の結果の善悪の基づくところは、行為に先立つ人格の善悪であることになる。したがって行為に先立つ人格の道徳性が強調される。人格が第一であって、行為は二の次である。行為の結果ではなくして、ただ心情が道徳的価値を決定する。こうしたルターの心情倫理学的傾向をわれわれは近世以降においても認めることができる。(3) しかもルターにおいては人格の善性の基づくところをさらに「信仰」において求めているることに注意されねばならない。「人の状態が信仰にあるのか、それとも不信仰にあるのかに従って、彼の行為は善もしくは悪となる。」だから結論として「信仰のみがキリストと彼の言葉とによる純粋な恩寵から、人格を十分に義しく至福たらしめるのである」(ib.)。純粋に人格的な信仰、純粋な心情信仰こそが、神に嘉せられる道徳的人間の最高の目的となるのである。

さて行為の道徳性の基づくところは、外的行為や結果に依存せず、あくまでペルソナそのものの側に求められた。しかしここで問題となるのは、われわれの本性と考えられるペルソナが、キリスト教的伝統に立てば、人間本性の「脆弱性 Geprech=das Gebreche, Gebräch」を有する点である。ルターは一五二二年の『説教集』で以下のように言う、「神は行為のゆえにペルソナを非難したり、あるいは浄福あらしめるのではなくして、ペルソナのゆえに行為を非難したり、あるいは浄福あらしめるのである。それゆえにわれわれの脆弱性は行為の側に存するのではなくして、本性の側に存する。」ここではペルソナは人間の本性であり、本質であると言われる。本性には脆弱性、すなわち罪が付着する。「ペルソナ、本性そして全本質は、アダムの堕落によってわれわれにおいては破滅に追い込まれたがゆえに、どんな行為もわれわれにおいては善たりえないのである。」それは「樹が善でないからこそ果実は悪である」のと同じことである。それゆえ神が誰にでも教えたことは次のことである。「何ぴとも行為あるいは律法によっては義とはならないであろう、そしてすべて行為や仕事は、本性やペルソナが改革されないかぎりは、義とされたり、あるいは祝福を受けるようになるのはむだであろう」と。ここでルターは「ペルソナ、本性そして全本質」を人間存在の本質と見なし、「人格的本質」とも言っている。しかもこの本性としての「人格的本質」は「その誕生や一切の由来が堕落し、罪を犯している」という点で「原罪 Erbsünde」(＝本性的罪、人格的罪)を背負い込んでいることになる。こうした罪は本質的である以上、一時的にとか、しばらくの間に犯された罪ではなくして、「ペルソナがどこに、どんなに長く存していても、罪もまた存している。」こうした「本質的罪」に対しては、「神のみが目を向けられ、それは律法をもってしても刑罰をもってしても追放されず、……本性を浄化し、新たにさせる神の恩寵のみが、それを追放するに相違あるまい。」確かに「律法」はただ罪を示し、それを認識することを教えるけれども、何の役にも立たない。「というのも本性的罪は誕生からして既に律法に先んじているからである」(Kirchenpostille, 1522, WA 10/1, S.508-509)。

以上のようにペルソナの根源的規定として「原罪」思想が現われるが、ペルソナは神の前に立ったとき、こうした原罪から免れていかにして「平安 εἰρήνη, pax, Frieden」を得ることができるかが次に問題となってくる。イエスは語った、「私はあなたたちに平安を遺し、私の平安をあなたたちに与える。私があなたたちに与えるのは世の人が与えるようではない」(ヨハネ、一四の二七)。ここではイエスの言う「平安」と世の人びと(κόσμος, mundus)の考える平安とは次元の異なることが語られている。ルターは次のように解する、すなわち世の人びとは害悪がペルソナから引き剥がされ、分けられることを平安だとみなしている。例えばある人が貧しいときには、激しく貧困といがみあい、どのようにしてそれを乗り越えようかと努力し、それが去ったときにはその人は平安を得たと思う。同じくまたある人に死が襲ったときには、その人は私は死から免れえたら、私は平安が得られるのだと思う。「しかしキリストはこうした平安を与えるのではなく、人間を苦しめる悪を沈黙したままにさせて、それを奪い去ることなく、……ペルソナを別の状態にさせて、ペルソナを悪から引き抜くのであって、悪をペルソナから引き抜くのではない。」したがって次のように言ってよい、「あなたが苦しみに落ちこんでいるときには、キリストはあなたの心を苦しみからそらし、あなたがバラ園に坐していると思うような気分をあなたに与えるのである。だから死の真っ只中にあっても生があり、不和の真っ只中にあっても平安と喜びがある」(Predigten des Jahres 1523, WA 12, S.576)。だからこうした平安についてパウロは『ピリピ人への手紙』において言う、「すべての人の思いを越えて聳える神の平安はあなたたちの心と思いをイエス・キリストにおいて守ってくださるであろう」(ピリピ、四の七)。こうした神の与える「平安」は「どんな人間も自分の理性で捉えたり、思案して考え出すこともできない」のであって、それはキリストと共にあるペルソナに与えられる平安である(ib., S.577)。キリストはわれわれのうちにあるとき、われわれは真のペルソナとなる。ルターは「神の恩寵の秘儀 mysterium gratiae divinae」として次のように語る、「われわれの犯した罪は今やわれわれの罪ではなくしてキリストの罪であり、そしてキリストの正義はキリストの正義ではなくして、われわれの正義である」(Operationes in Psalmos, 1519-1521. WA 5, S.608)と。ここにはわれわれのペルソナとキリストとの一体感がある。われわれはここでパウロの次の言葉を想起する。「私はキリストと共に十字架につけられた。もはや私が生きているのではない、かえってキリストが私のうちに生きておられる」(ガラテヤ、二の二〇)。ここにはパウロの神秘的な宗教体験の告白がある。キリストと一体となるというパウロの信仰はルターにおいて生きているのである。

さてわれわれの罪よりの解放はキリストの十字架がその契機となっている。「われわれがなお罪人であったときに、キリストがわれわれのために死去されたことによって神はその愛をわれわれに対して示された」(ローマ、五の八)。キリストの死はわれわれの罪が死ぬことであり、これは神の愛の現われであるとパウロは確信した。だから「われわれの古い人間が共に十字架につけられた」ことになる(ローマ、六の六)。古い人は滅んで新しい人の誕生である。われわれは『ヨハネによる福音書』に見いだされる次の有名な言葉に注目しなければならない。「よくよくあなたに私は言う、誰でも新しく生まれなければ、神の国は見ることはできない[4]」(三の三)。ここでの「新しく生まれる」ことはパウロの言う「新しい創造 καινὴ κτίσις, nova creatura」(コリントⅡ、五の一七、ガラテヤ、六の一五)であり、また「新しい人 καινὸς ἄνθρωπος, homo novus」(エペソ、二の一五、四の二四、コロサイ、三の一〇)として生成することである。このことと関連してルターは「ペルソナはそれ自身、いざすっかりと死して、別の存在として現われねばならない」と言い、「革新 Vernewrung = Verneuerung」の必要性を説き、次のように強調する、すなわち罰を受けた罪人が「古いアダムの生活のうちにあったままでは不純であろう」が、心情の変革による「再生 regeneratio, Wiedergeburt こそが新しい人を作りあげるのである。」こうした「再生」については「聖書は多くの箇所で大いに語った」のである（Kirchenpostille, 1522, WA 10/1, S.114）。ところでこうした「再生」に至る過程として『共観福音書』は、「悔い改め（悔恨）μετανοία, poenitentia」にも深い意義を認めているが、ルターは悔恨に積極的意義を見いださなかったと言ってよい。しかしわれわれは現代倫理思想において悔恨・再生について注目すべき解明を見いだすことができるのである。[5]

さてパウロは既に引用されたように、「キリストが私のうちに生きておられる」（ガラテヤ、二の二〇）という告白においてキリストと一体となることを強調した。それはパウロ的に書かれた『エピソ人への手紙』が言うように、「信仰によって διὰ τῆς πίστεως, per fidem キリストをあなたがたの心に住まわせる」（三の一七）ということである。ここには信仰する者にとってはキリストとペルソナとの密接な共同関係が存する。ルターは言う、「信仰ある人は、その信仰によって再び楽園に坐し、新たに創造され、義となるためにどんな行為をも必要としない」（Von der Freiheit eines Christenmenschen, S.31）と。信仰は神の恩寵に対する確信であり、われわれに「新しい創造」をもたらすものである。ところでカトリック教会は「悔い改め」に帰属するものとして「痛悔・懺悔告白・償罪 contritio, confessio, satisfactio」をあげるが、ルターはこうした「悔い改め」に対して積極的意義を認めなかったことは上述のとおりである。彼は言う、「痛悔・懺悔・償罪について書いたり、説教したりすることはよいことではあるが、さらに進んで信仰にまで至らないならば、それは確かにただ悪魔的な誘惑的なだけの教えであろう。」「信仰がなければ、律法・痛悔、すべてそれ以外のことを為してもむだである」(ib., S.34)。ここには憂愁に沈んでいた若かりし時に、彼の心に無限の感動を与え、新しい人として誕生する機縁となったパウロの次の言葉が背景にある。「神の義は福音のうちにあらわされ、信仰から出て信仰へと進む、〈義人は信仰によって生きる〉と記されているとおりである」(ローマ、一の一七)。

さてわれわれは既に「キリストにおける正しい信仰」がわれわれの道徳的人格の最高の目標であると語った。信仰とペルソナとは密接な関係に立っている。信仰を強調するためには、ペルソナが行う行為の結果は考慮される必要はなかった。「今や問題はペルソナから生じる行為についてではなくして、ペルソナそれ自身についてである」(Die Zirkulardisputation de veste nuptiali, 1537, WA 39/1, S.282)。したがって結果としての行為の善悪よりも、人格そのものの内面性が問題となる。かつてアリストテレスは、「われわれはもろもろの行為をなすことによって正しい人間、あるいは不正な人間となる」と言った(6)。このことは「よく行為することによって善となり、正しく行為することによって正しくなる」ということであるが、ルターによれば、このことは哲学や世間の公の場所では有力な考えではあっても、「しかし神の前ではそのようにはならない。」つまりは「何びとも義しく行うことによって義しくなるのではない」(ib)。それでは義 justum がもろもろの行為によって生じるのでなければ、どうして義が語られるのか。「義人は信仰によって生きる」(ハバクク、二の四)と言われたように、義は「単なる信仰」に存する。「義人はキリストと一体となることによって、すべてを越え、すべてを支配する自由を得るのである。

ところで『キリスト者の自由について』(一五二〇年)における周知の根本命題の一つは言う、「キリスト者はあらゆるものを越えた自由な主人であって何びとにも従属しない。」ここではキリスト者は「精神的な新しい内的人間」である(WA 7, S.21)。既にわれわれが縷縷述べてきたように、キリスト者は信仰において十分であって、義とされるためにはいかなる行為も必要としないがゆえに、「彼は確かに自由である。これがキリスト的自由であり、唯一の信仰である」(ib., S.25)。しかし他方において人間は「外的人間」として身体を有し、自己愛に傾き、既に述べられたように、ペルソナのもつ特殊的・外面的なもの(役割・地位・人柄・外貌など)に捕らわれ、たとい善への素質は彼のうちに存していても、みずからこの素質を発展させることができず、この能力は既に明らかにされたように、「原罪」すなわち「人格的罪」によって喪失され、悪が彼を支配してしまっている。ここから全く新たに再生するためには神の恩寵を必要としたのである。以上のような内的人間と外的人間との区別、「精神的」と「身体的」との両本性は人間ペルソナを構成するものであるが、しかしこうしたいわば超感性的と感性的との両本性の結合は、ルター自由論にとっては有効に哲学的に解明されることはなかった。(7) ともかく自由は内的人間にかかわるが、われわれには同時に外的人間として次の根本命題が成立する。すなわち、「キリスト者はあらゆるものに奉仕する僕であって何びとにも従属する」(ib., S.21)。外的人間としてはわれわれは身体を有し、他人と関係し、交際しなければならないが、「われわれは身体とその行為とによってただただ隣人を助けるべきである。」私は隣人に対して一人のキリスト者となろう、それはキリストが私に対してなられたのと同じようにである。つまりわれわれは彼らにとって必要・有益にしてこの上なく幸せなことしか考えず、彼らに奉仕し、喜んでみずからを下僕としよう。キリスト者は信仰によって全く自由であり、自足的であるから他に求めることなく、他人に奉仕すべきであったのである（ib., S.35f.）。ここでは『キリスト者の自由について』の最後の美しい言葉を掲げておく、「キリスト者は自分自身においてではなくて、キリストと自己の隣人において生きる、キリストにおいては信仰によって、隣人においては愛によって生きる。すなわち、彼は信仰によって自己を超えて神に至り、神から愛によって再び下に向かって下り、それなのに常に神と神の愛のうちに留まるのである。……見よ、これが正しい精神的キリスト的自由であり、それはあらゆる罪・律法・戒めから心胸を解放させるのであり、天が地を越えているように、あらゆる他の自由に優るものである」(ib., S.38)。

以上のように考察してくれば、人間ペルソナ（人格）の究極の目標は何よりも「信仰」ということになる。「信仰 fides」こそがペルソナのあり方の根拠とならねばならない。「信仰がペルソナを作りあげる fides facit personam」という命題が確立されるが、さらにパウロの精神を生かして「ペルソナは神に対する信仰によって作られている」とも言われる（Die Zirkulardisputation de veste nuptiali, 1537, WA 39/1, S.283)。したがってペルソナは道徳的人格としては、それが遂行する超人格的関係によって、その行為は初めて価値あるものとなる。「行為はペルソナを作らず、ペルソナが行為を作り、律法は行為を作らない」(ib.) という場合のペルソナの作る行為は教会の命じる律法による行為ではなくて、「信仰によって義とされる」(ローマ、三の二八、ガラテヤ、二の一六) というパウロ的精神に基づくものであったのである。もとより行為をして価値あらしめる信仰の力は固定的なものではなく、たえずいかなるときにも働く生命力であるから、それは生命のある心胸信仰 Herzensglaube、道徳的な心情信仰 Gesinnungsglaube(8) でなければならないのである。

ところで以上のルターの信仰中心の立場について、かつてわれわれは次のように批判せざるをえなかった(9)。すなわち、ルターにおいては全く一面的に一人一人の魂とその神との関係が本質的であると考えられて、ただ個人は「単なる信仰によってのみ solo fide」義とされるに至った。こうした単なる内面性の理想や単なる心情倫理を中心とするところでは、つまり個人主義的基本価値を重視する立場においては、共同連帯性の原理を軽視することになる。特に近世の倫理観がカントを始めとして、個人の自主・独立を主とする主観的意識を中心としたのもこの流れである。われわれはプロテスタンティズムの個人主義的倫理観が近世以降の倫理思想に与えた影響に十分に注目する必要があろう。

第五章　近世合理論哲学におけるペルソナ概念の解明

第一節　デカルト

スコラ哲学は神の三つのペルソナのほかに人間ペルソナをもって魂と身体との複合体であると規定した。今ここで論究する近世哲学者デカルト（R. Descartes, 1596-1650）においてもこうした「複合体 compositum」としての人間把握は十分見いだされるが、ペルソナという術語的表現は見いだすに困難である。しかしながら彼が心身合一をもって人間存在を把握したのは、伝統的なペルソナ概念把握の線上においてであったと言ってよかろう。確かにデカルトの省察のうちには多くのスコラ的哲学の偏見が存していると語る人もいる(1)。ところでデカルトにとって、私は何であるかと問われれば、私は思惟するものであるというのが答えであるから、私にとって絶対に確実な行為は思惟以外にはない。『省察 Meditationes de prima philosophia』（1641）は言う、「思惟するもの、換言すれば精神 mens であり、すなわち霊魂 animus 、すなわち悟性 intellectus 、すなわち理性 ratio である」と（VII, 21）(2)。したがって精神的存在はただ純粋な悟性によって自己を把握するのであって、けっして身体的（物体的）概念に属するいかなる属性からも自由である。ここには精神と物体との二大対立が存し、人間学的には、いわゆる心身の二元論が成立している。人間の精神と身体とがたとい対立するものであっても、結局両者は人間存在において「複合体」を構成している。すなわち、二元論の前提に立ちつつも、思惟する自我において両者の結合への道は指示されると言ってよいであろう。

ところでデカルトは『省察』第六部の標題を「物質的なものの存在並びに精神と身体との実在的区別について」としている。そしてそれに先立ってこの書の内容の「概要 synopsis」として、第六部について次のように語っている、「私がここで示すことは以下のことである、すなわち精神が実在的に身体から区別されるということであり、そしてそれにもかかわらず、精神は身体とある種の一つのもの unum quid を構成しているようにどんなにか密接に結合されているということである」（VII, 6）。以上の「概要」をさらに『省察』の本文について考察してみよう。そこでは精神と身体とは全く区別され、精神は身体の属性の否定として、二つの実体が本質的に否定しあうことが述べられており、さらに両者の結合にも言及されている。「私の本質は、私が思惟するものであるということの一つのことに存するということを私は正当に結論する。そしてたとい私は恐らく（あるいはむしろほどなく言うように、確かに）私と極めて密接に結合されている身体を有するにしても、しかし一方では私はただ思惟するものであって、延長を有するものではないかぎりにおいて、私は私自身の明晰にして判明な観念を有し、そして他方では身体はただ延長を有するものであって、思惟するものではないかぎりにおいて私は身体の判明な観念を有するがゆえに、私が私の身体から実際に区別されたものであるということ、そして私がこの身体なしに存在しうるということは確実である」（VII, 97f.）。ここには精神と身体との実在的区別が語られているが、しかし上記引用のうちにおいて「私は恐らく、あるいはむしろほどなく言うように、確かに私と極めて密接に結合されている身体を有する」と言われている点に注目すれば、われわれはそこには精神と身体との結合としての人間存在の把握を認めざるをえないのである。

さて上述の主旨はその後のデカルトの思想にも支配しているのであるが、それは次のような「書簡」のうちにも見いだされる。例えば一六四三年五月二十一日付けのエリザベト宛の書簡において、デカルトは「私の主要な計画は精神と身体との間に存する区別を証明することです」と言い、さらに「私は精神と身体との合一 l'union、ならびにいかにして前者が後者を動かす力を有するかを私が考察する仕方をここで説明しようと思います」と言う。そしてわれわれには「根本的考え」といってよいようなある種の「素朴な観念」があると彼は考える。つまり身体にとっては「延長 extension」の観念、精神だけにとっては「思惟 pensée」の観念がある。結局、精神と身体とを併せれば「それらの合一の観念 notion de leur union」が存する。それについて言えば精神は身体を動かす力を有し、身体は精神に作用を及ぼす力を有するのである（III, 665）。さらにデカルトは同じ書簡において、『省察』においては私は「精神にだけ属する諸観念」と、それと区別して「身体にだけ属する諸観念」を考察せんと努めたが、「それに続いて私の説明すべき第一のことは、身体にだけ、あるいは精神にだけ属する諸観念なしに精神と身体との合一に属する諸観念を考察する仕方です」と述べている（III, 666）。

以上のような若干の引用からも明らかであるように、二つの点が顕著である、すなわち一、人間の精神と身体とは実在的に区別されるということ。二、精神と身体との密接な合一が存するということ、である。第一の点については、人間学的にデカルトの心身二元論が主張されていることは明らかである。ところでデカルトは『省察』の本文に対して諸家による論駁とそれに対する著者の答弁を加えたが、そのうち「第二論駁に対する著者の答弁」のうちで『省察』の内容を要約している[4]。つまり「神の存在並びに人間の精神と身体の間に存する区別を論証するために私の用いた主要な諸根拠の要約」である。この「要約」は最初に「定義」を掲げているが、それは「幾何学的な仕方で配列された」という形式をとるからである。「定義」のうちわれわれは「実体」について言及されたものに注目する。「思惟が直接にそれに内在する実体は、ここでは精神と呼ばれる」（定義六）。「場所的延長とこの延長を前提する偶有性との直接的主体である実体は、……身体と呼ばれる」（定義七）。こうした二つの実体は有限的存在に関して言われるのに対して、「絶対に完全であるとわれわれが理解し、そしてそれにおいて何らかの欠如とか、あるいは完全性の制限を含む何ものをもわれわれが心に抱かない実体は神と呼ばれる」（定義八）。ここでは実体が三つに区分されているが、それは完全なる実体としての神と、「精神、すなわち思惟する実体」、そして「身体、すなわち延長を有する実体」である。神と後二者との実体概念が一義的に考えられないことは当然である。またデカルトは『哲学原理 Principiorum philosophiae』(1644)において言う、「実体というもの、この名称は神に帰せられうるのと被造物に帰せられうるのとは同じ意味ではない」(第一部五一節)。ここでデカルトは精神・物体(身体)・超越神という三種類の実体を分かったことになる。

ところで「実体」についてデカルトは『省察』の「第四答弁」において「実体概念とは自己自身によって存在しうるもの、すなわちある他の実体の媒介なしに存在しうるものとして考えられるようなものである」と定義している。この定義は簡潔に言えば、また同じ答弁において「実体、すなわち自分自身によって自存するもの」とも言われる。そのさいにはそうした実体は「完全実体」と言ってもよいが、「不完全」と言うのは自存しえず、他のものに依存するということになるが、全体を構成する部分は、それだけが完全であると言われても、全体からすれば部分として制約され、不完全ということになる。デカルトは言う、「精神と身体は、それらが構成する人間と関係づけられるときには、不完全な実体である、しかし別々に考えたならば、それらは完全な実体である」と。ここでは精神と身体とが人間を構成することになり、人間は複合実体であって完全実体としての神と異なり不完全な実体である。ここでは既に『省察』において述べられた次のこと、すなわち「精神は身体と統一をなすほど密接に結合されている」ということに通じている。

さて既に『原理』において知ったように、「実体」という名称は神と被造物とでは同じ意味ではなかった。『原理』第一部五一節において大略次のように言われる、われわれの考える「実体」というのは「存在するために自己自身のほかに何ものをも要しないというように存在するもの」である。しかしこのように「自己自身のほかに何ものをも要しない」という語は、適切に言えば、「神」だけに適用されるのであって、どんな被造物も神の力によって支えられ助けられることがなければ一瞬たりとも存在しえないのである。だからスコラ学派でこの実体という名称と被造物とでは「一義的 univocus, univoque」ではないと言われるのは根拠のあることである。デカルトにとっては神は万物の創造者であったから、続く同書の第五二節において言われるように、「被造の実体」は非物質的実体も物質的（あるいは身体的）実体も、すなわち「精神」も「身体」も実体としては、ただ神の協力だけを要するのである。

　以上のようにデカルトが「実体」概念を神に帰すると同時に、人間を構成する精神と身体とにも帰した見解のうちに、スコラ哲学からの影響が感じられるとすれば、われわれはスコラ哲学、特にトマスにおいて実体が二様に捉えられていたことを想起する（本書八七ページ参照）。すなわち、一方では実体はギリシア人が「ウーシア οὐσία」と呼び、トマスが「本質 essentia」と呼ぶところのものであり、それは「単純実体 substantia symplex」としての神的実体である。他方ではいわゆる「スブスタンティア」と呼ばれるものであって、「実体の類において自存する基体あるいは主体」subiectum vel suppositum」である。基体・主体である以上は「他者においてではなくして、それ自身において存在するもの」であり、これはまたギリシア人によればヒュポスタシスと呼ばれ、ラテン人はこれを「第一実体 substantia prima」と呼ぶ。これはまた「単純実体」に対して「複合実体 substantia composita」とも言われ、非質料的実体と質料的実体、あるいは「質料と形相とによって複合された実体」である。それは既に上に述べられたデカルトにおける非物質的実体と物質的実体、すなわち精神と身体との密接な結合である。

こうしたスコラ哲学の伝統を踏まえて、デカルトの思考を振り返ってみるとき、上に掲げられた二つの点、すなわち一、精神と身体との実在的区別、二、精神と身体との密接な合一、このうち特に後者の論点がここで問題とされねばならない。ところでデカルトは精神と身体との実在的区別を強調する以上は、両者の媒介は不可能であると考えられるであろう。しかし人間において二つの側面が一緒になり、合一されているという見解は彼の絶えず強調するところであるが、それは上に引用された文中にしばしば見いだされるものである。例えば『省察』第六部において「私は身体と極めて密接に結合され、そして私が身体と全くある一つのもの unum quid を成しているほどに混合されている」(VII, 102) と言われるが、こうした「結合体」「一つのもの」として人間存在を捉える見解は、同書同部において顕著に見いだされる。その若干を参考までにここで引用することにする。「身体と精神とから私が複合されているかぎりの全体としての私自身」(ib.)。「複合体、すなわち身体と合一せる精神」(VII, 109)。「精神と身体とから複合されたかぎりの人間の本性」(VII, 113) のごとくである。このような複合体としての人間把握がデカルトにとって基本的であった。ところでデカルトは「第四答弁」において次のように述べる。「私は精神と身体との区別について論じた第六省察においてすら、私はまた精神は身体と実体的に結合している substantialiter unitus ことを示したのである」と（VII, 228）。ここで「実体的結合」というのは精神と身体というそれぞれの実体から複合された全体としての人間を言うのであって、それは上述のトマスにおける「複合的実体」にあたるものと言ってよい。デカルトの「精神と身体との結合せる複合体」という考え方はスコラ的人間把握と共通するものであることは明らかである。例えばリカルドゥスは「身体と魂 corpus et anima」「見えるものと見えないもの」の二実体をもって人間存在であると考えた（本書五二ページ参照）。またボナヴェントゥラも魂（精神 spiritus）と身体との結合をもって人間存在と考えたし（本書六八ページ参照）、特に注目すべきことは以上のような複合的実体としての人間存在の把握がスコラ哲学においては「ペルソナ」と考えられたことである。ボナヴェントゥラは言う、「人間にあっては一つのペルソナは複数の本性、すなわち身体の本性と精神の本性を有する」と（同上）。こうしたペルソナ把握はデカルトにおいても生きていた。デカルトは一六四三年六月二八日のエリザベト宛の書簡において、「身体と思惟［精神］を共に有するのは単一のペルソナ une seule personne であります」と言う（III, 694）。デカルトは思惟と存在との対立を提示し、両者を切り離しつつも、両者の合一をわれわれの現存在たるペルソナにおいて求めていると言ってよい。したがってデカルトが精神と身体との合一する複合体として捉えていたものは伝統的にペルソナとして捉えられていたものの再現であると言ってよいであろう。

ところで心身の合一をもって人間ペルソナを構成するとする場合、この合一性はまた心身の「数的同一性 idem numero, identité numérique」という表現として考察される。例えばデカルトはメラン宛の書簡（一六四五年二月九日）において次のように述べている。われわれは一人の人間の身体について語るとき、われわれは物体の限定された部分を理解するのではない、「ただわれわれの理解するのは、この人間の精神と共に一体となっている物体のすべてであります。それゆえこの物体が変化したり、そしてその量が増大したり、減少したりするにもかかわらず、それが同一の精神と結合し、そして実体的に一つのままである間は、われわれはそれが数的に同一の身体であると常に考えるのであります」と（IV, 166）。ここでは人間の心身の結合、すなわち「実体的合一性」の思想が「数的に同一のもの」という表現において表わされている。さらにそれに続いてもデカルトは同じ書簡において、「人間の身体であるかぎりのわれわれの身体は、それが同じ精神と一つである間は、常に数的に同一なもの le meme numero たるにとどまります」（IV, 167）と語っている。したがって人間の心身の数的同一性は人間の現存在のあり方であり、こうしたあり方こそが人間ペルソナを表わすと言ってよいのである。こうした人間存在をペルソナとして哲学的にさらに深めていったのは、デカルト以後の近世哲学の流れである。本書のこれに続く節、章において、例えばデカルトから深い影響を受けた英国古典経験論者ロック、さらにはそれに続く大陸合理主義者ライプニッツらのペルソナ概念把握にわれわれは注目しなければならない。特に近世に至って人間存在をペルソナとして、その深い道徳的意義を究明したのはカントの功績であるが、本書はカントに至るまでのペルソナ概念の発展に注目したのである。

ともかくデカルトにとっての人間把握は、人間が精神と身体とから構成された複合存在という点に存した。こうした存在は伝統的にみてスコラ哲学における人間ペルソナと言われるものであった。実質的見地に立てば人間存在は複合存在であるが、これに論理的処理を加えて形式の上からみれば、精神と身体という二つの区別が成立することになったのである。デカルトの「われ思う、ゆえにわれあり」という命題においては思惟と存在とは結合されているのであるが、一方ではデカルトは両者を互いに独立なものとして、実在的に区別されたものとしつつ、他方では両者の実体的合一としての人間存在、つまりは人間ペルソナをもって両者の複合体を考えている。既に明らかにされたように、デカルトは実体を三つに区別し、「自己自身のほかに何ものをも要しない」実体として「神」のみを理解したが、他の二つの実体、つまり精神も身体も「神の力によって支えられ、助けられることがなければ、一瞬たりとも存在しえない」のであった（本書一三五ページ参照）。だからそれらは神によって創造されたものであるから、二つの実体は神の強制的な意志によって結合されているということによって両者の内面的媒介を神の力によって求めようとする一面も見逃すわけにはいかないであろう。

第二節　スピノザ

スピノザ（B.d. Spinoza, 1632-77）はキリスト教の神、すなわち人格的な精神的存在を考えず、キリスト教とは全く異なる観念を有していた。だからペルソナ概念についても、特にキリスト教の伝統に立つ神学者たちが神の三つのペルソナに関して論じ来たったことについても、彼の関知するところではなかった。「神学者たちがことがらを説明するのにしばしば言及する言葉（すなわち位格性 personalitas）という言葉をわれわれは退けはしない。しかしわれわれはその言葉を知っているにしても、その意味は知っていないし、それについてのある明晰にして判明なる概念を形成することはできない」と彼は生前自分の名を冠した唯一の書『デカルトの哲学原理』の附録である『形而上学的思想』(5)（一六六三年）において語っている。このようにキリスト教の伝統に基づく三一性の見解はスピノザの哲学からは排除されているから、彼はマイエル宛の書簡（一六六三年七月二十六日）において次のように語っている、「結局神学者たちがペルソナリタスという言葉で理解していることは私には理解できませんが、しかしこの言葉について批判家たちが理解していることはそうとは言えません」と。だからキリスト教の立場に立ってペルソナ概念を彼は理解しようとはしていないが、ペルソナ概念を一般に「人 homo」という概念と同一視する観点に立つならば、彼の人間観を前節において述べられたデカルトの人間観と対比して叙述することも意味あることであろう。

さてデカルトにとっては「実体」概念は神に帰せられると同時に、人間を構成する「精神」と「身体」とにも帰せられた。ここには完全実体としての神と不完全実体としての人間が考えられる。しかしスピノザにとっては神以外に実体は考えられず、実体は神と等置される。デカルトは「実体」について「存在するために自己自身のほかに何ものをも要しないというように存在するもの」と規定したが（本書一三五ページ参照）、スピノザも実体概念から出発した、「実体とはそれ自身のうちにあり、そしてそれ自身によって考えられるもの、すなわちその概念が他のものの概念によって形成されねばならないような、そんな他のものの概念を必要としないもの、と解する」（第一部定義三）。しかしデカルトが考えたような複数の実体というのは矛盾であって、実体は一つしかなく、それをスピノザは「神」と呼ぶ。これはまた彼が『エティカ』の巻頭で言う「自己原因 causa sui」にほかならない。すなわち、「その本質が存在を包含しているもの、すなわちその本性がただただ存在すると考えられうるもの」（同上定義一）である。神即実体は本質的に存在を含み、その存在は絶対的に肯定されねばならない。こうした存在そのものは永遠なるものの定義から必然的に生じると考えられる、「永遠性 aeternitas とは、存在が永遠なるものの定義からだけ必然的に帰結すると考えられるかぎり、存在そのものと解する」（同上定義八）。こうした永遠性はけっして時間の中において無期限に存続するという意味ではなくて、脱時間的な必然と言ってもよい。さらに存在の絶対的肯定を言い表わすとき、「無限 infinitum」という概念が現われる。「すべて実体は必然的に無限である」（同上定理八）。無限であるものは他によって限定されることなく、それ自身が全体的である。全体的であることは、何らかの意味において自然や世界をもその内に含むということである。もし実体が自然や世界の外に存在するならば、それは超越的存在となり、伝統的なスコラ哲学が創造者としての神の存在を被造物を超えた世界に定立したのと同じことになる。しかしスピノザにあっては、「すべて存在するものは神のうちにあり、そして神なしには何もありえず、また考えられえない」(同上定理十五)。ここでは「神はすべてのものの内在的原因 causa immanens であって、反対に超越的原因 causa transiens ではない」(同上定理十八)。すべてのものが神のうちに在り、それらが神を離れて存在せず、神もすべてのもの、すなわち自然を離れてはいないという点において、「神即自然 Deus sive Natura」(第四部定理四)である。

さて「すべて存在するものは神のうちにある。」したがって一切が神を離れては存在しない。そうなれば神の世界と一切の個物の世界とは全く同一であって、そこでの相違はどの点に存するのであるか。この点をスピノザの叙述から知りうるためには、神と個物との関係の区別をわれわれは「原因」の上から考察してみることにする。既に明らかであるように、実体の性質は「自己原因」であり、自己原因であるとは、他によって限定されないことであり、必然的にして無限であり、それは永遠でなければならない。これに対して個別は有限的にして時間的である。神の永遠性・無限性がいかにして個別の有限性・時間性に作用することができるのか。神的因果性は個物に対して決定的結果を生じうるのか。神の万物における内在説は斉合的たりうるのか。われわれは次の『エティカ』第一部の定理二十八を取りあげねばならない。

「あらゆる個物、すなわち有限にして一定の存在を有するおのおののものは、やはり有限にして一定の存在を有する他の原因によって存在し、作用するように規定されるのでなければ、存在することも作用に規定されることもできない。そしてさらにこの原因もやはり有限にして一定の存在を有する他の原因によって、存在し作用するように規定されるのでなければ存在することも作用に規定されることもできない、そしてこのようにして無限に進む。」

以上の点よりすれば個物、すなわち有限的存在者は有限的因果の連鎖によって規定されていることになり、有限なるものは他の有限的なるものから結果として生じ、無限なるものより導出されることはない。「有限的にして一定の存在を有するものは神のある属性の絶対的本性から導出されることはできない。なぜなら神のある属性の絶対的本性から生じるすべてのものは無限にして永遠であるからである」(第一部定理二十八)。神の絶対的本性から導出されない有限的存在は有限的な原因の結果である。したがってここにみずから行為を始める「第一起始」は存しないことになる。

ところで既に明らかであるように、スピノザは「しかもなお存在するすべてのものは、神のうちに存在し、そして神なしには存在することも考えられることもできないように、神に依存している」(同上備考)と言うが、神がすべてのものの内在的原因であり、すべての個物のうちに存在し、作用するという個物の神における内在説を首尾一貫させるためには、個物に対して何らかの形において神との関連をもたせておかねばならない。しかしそこでは神が直接的原因とはならずに間接的原因（神の属性の変様）となるという見解は疑いえないことである。有限的にして一定の存在を有するものは「神のある属性がある様態 modus によって触発されたものとしてみなされるかぎり、神あるいは神のある属性から結果しなくてはならない」（同上証明）。また同じ箇所において言われるように、それは「神の属性が有限的であって、一定の存在を有する様態によって変様したかぎりにおいて、神あるいは神のある属性から帰結しなければならないし、あるいは存在し、作用するように規定されなければならない」（同上）。そもそも「様態 modus」というのは「実体の触発状態 affectio substantiae」（第一部定理五）と定義されるのであって、実体は神であるから、それは神の発現である。しかもそれが有限者にかかわるかぎりにおいては、神の属性が変様していることになる。しかも「神のすべての属性は永遠である」（同上定理十九）と言われながら、神の属性が「有限的な様態によって変様したかぎりにおいて」という表現においては神の属性が個物の原因となることになる。つまり神が有限的な個物の世界に顕現することになる。こうした説明による以外には神と有限的な個物との関係の解明はスピノザにとっては不可能であった。無限者たる神が有限者たる個物の世界に降りてくるということを根本的事実としてスピノザは認めていたことになるであろう。

以上のことはさらに次に掲げる「定理」などによって確められることができよう。それは「個物の観念」についても次のように言われる、「現実に存在する個物の観念は神を原因として有する、それは神が無限であるかぎりにおいてではなくして、現実に存在する他の個物の観念によって触発されたと見なされるかぎりにおいてである。この観念もまた神が他の第三の観念に触発されたかぎりにおいて神が原因である。」(第二部定理九)。この定理の「証明」においても次のように言われる、「個物の観念は……神がただ思惟するものであるかぎり、神を原因として有する。しかし神が絶対的に思惟するものであるかぎりにおいてではなくして、神が他の〈有限的な〉思惟の様態によって触発されたものと見なされるかぎりにおいてである」(同上証明)。

ここでスピノザは一切万物の本質としての「無限であるかぎりにおける神」を主張すると同時に、「他の個物の観念によって触発されたと見なされるかぎりにおける神」、あるいは「有限的な思惟の様態によって触発されたものと見なされるかぎりにおいての神」を考えている。したがってここでは無限であるかぎりにおける神とは異なった神が考えられている。つまりは「神でないかぎりにおける神」が考えられている。スピノザがしばしば好んで使用する「かぎりにおいて quatenus (sofern)」という言葉は、つとに摩訶不思議な力を有すると言われてきた[6]。「かぎりにおける神」は無限にして永遠なる世界と有限的時間的世界に跨る微妙な表現であると言ってよい。

さてスピノザにとっては神以外には実体は考えられなかった。ところで実体がわれわれに知られるのは、その「属性 attributum」によってである。属性については、既にわれわれは「神の属性」という表現をしばしば用いてきたが、スピノザの定義によれば、「属性とは悟性が実体について その本質を構成していると知覚するところのものと解する」(第一部定義四)。実体の本質を構成している属性は実体が無限者であれば無限数の属性ということになる。つまり神は「無限に多くの属性から成っている実体」である（同上定理十一）。したがってここでの悟性は、つまり神的悟性は無限数の属性を認識するが、これに反してわれわれ有限的な悟性の認識の対象となりうる属性は思惟 cogitatio と延長 extensio である。この二つの根本形式の下にあらゆる現実は包摂されることになる。したがって無限数の属性は限界概念であって、われわれの認識を超えた形而上的世界に属し、われわれの認識は二つの属性に限られる。こうした思惟には精神を構成する一切の観念が帰属し、延長には物体界を形成する一切が帰属する。精神性と物体性という二つの属性のみを悟性が認識するというのはこれ以上解明されえない事実であった。

ところで属性相互の関係について言えば、両者は全く異なった属性の状態にあるから、思惟と延長、精神界と物体界との間には何ら交互関係は存在せず、精神的なものは常に精神的なものを原因とし、物体的なものは常に他の物体的なものしか原因としてもつことができない。しかしこのように相互に分離して互に規定されることのできない属性も、同一実体の下においては完全に一致しているのである。それゆえ両属性は同一実体の両面にほかならないと言うことができる。「思惟する実体と延長せる実体とは同一の実体であって、それはあるときにはこの属性の下に、あるときにはあの属性の下にまとめられるのである」（第二部定理七備考）。このように思惟と延長とは全く異なった存在形態をとって現われるにしても、同一実体の不可分の同一性のうちにあるのである。したがって「定理」で言うように、「観念の秩序と連結は物の秩序と連結と同一である」（同上定理）。それは例として次のように言われる、「例えば自然の中に存在する円と同様に、神の中に存するこの存在する円の観念とは同一物であり、それは相異なった属性によって説明されるのである」（同上備考）。したがって「われわれの身体の能動と受動との秩序は、本性上精神の能動と受動との秩序と同時である」（第三部定理二備考）。ここにはいわゆる「心身平行論」が存し、またいわゆる「同一哲学」が存している。

ところで既にわれわれの知ったように、デカルトは無限な実体たる神のほかに、神によって創造された二つの実体として「精神、すなわち思惟する実体」と「身体、すなわち延長を有する実体」とを区別した。したがって神に帰せられる実体と被造物に帰せられる実体とが存することになっていた。ここでは精神と身体とはそれぞれ有限的実体として無限なる実体以外にも二つの実体を認めていたことになるが、われわれの考察によれば両実体は実在的には区別されているが、両者の密接な合一をもって複合的実体として、それをもって人間存在の把握としていた。もちろんスピノザにとっても「人間は精神と身体から成る」（第二部定理十三系）。「われわれは人間の精神は身体と合一していることを知るばかりでなく、精神と身体との合一はどう解釈すべきかをも知るのである」（同上備考）。スピノザにおいてもデカルト同様、人間存在をもって精神と身体との合一せる複合体であると解していたが、特にスピノザは精神と身体とを有限的な実体とはせず、既に述べられたように、無限的実体としての神において両者は全く同一実体中のものであることを強調し、これに一元的統一を与えようとしたのである。

さて「人間が精神と身体から成る」ということは経験的命題であって、こうした命題を神の領域にまで及ぼすのがスピノザの思考であった。つまり神の無限数の属性のうち思惟と延長とのみを認識しうるとしたのは、われわれ人間の悟性による経験的認識を神にまで及ぼしたことになるであろう。実に「思惟は神の属性である、すなわち神は思惟するものである」(第二部定理一)。「延長は神の属性である、すなわち神は延長するものである」(同上定理二)。スピノザにとって神は無限数の属性から成るのに、何ゆえ二つの属性のみが人間悟性の認識の対象になるのか。神の内在の原理よりすれば、人間もまた無限数の属性から成ると言わねばならないであろうけれども、それは到底不可能なことである。ともかく汎神論的思考は、形而上学的対象である神と有限者としての人間との関係について解明しようとすれば、既に述べられたように、神の世界が有限者の世界に下りてくることを根本的事実として承認せねばならなかったのである。その場合には「有限的な思惟の様態によって触発されたものと見なされるかぎりにおいての神」、つまりは「神ではないかぎりにおける神」が考えられざるをえないであろう。このことを考慮に入れてわれわれは「神自身のうちにあって神自身でないもの」を考察しようとしたシェリングの研究に言及しておくのも有意義であろう。

ところでスピノザ説の内在についての一つの本質的問題、すなわち有限者が無限者からどのようにして出てくるのか、という問題、特に汎神論における神と万物との関係をどのように理解するかという問題をめぐってはさまざまな解釈が可能であろう。ここでは特にスピノザ主義の体系の欠陥とその一面性を解明し、人間の自由を救おうとした点ではシェリングがあげられよう。神のうちに人間の内在を説く汎神論が人間的自由と矛盾しないためにはどのように考えたらよいのか。さて永遠なる神の属性が「変様された神 der modifizierte Gott」として発現することになれば、無限者としての神と「導出された神 der abgeleitete Gott」とが存することになる。これは甚だしく矛盾した考えであって、「変様された神、すなわち導出された神は本来の勝れた意味における神ではない」(7)。スピノザにおいては万物は「全面的に神とは異なっている」。すなわち、「神とはそれ自身において存在し、そしてただひとりそれ自身から把握されるものである。しかし有限的なものは必然的に他のもののうちに存し、そしてただこの他のものからのみ把握されうるものである」(8)。ここでは無限者と有限者とは相対立し、無限者としての絶対的な神のうちでは有限者は生成することはできない。神から分かたれたものが生成するためには、神とは異なった根拠のうちで生成しなければならない。「しかしながら神の外には何ものも存在しえないのであるから、この矛盾はただ次のことによってのみ解くことができるのである、すなわち万物はその根拠を神自身のうちにあって神自身でないものに有するのである」(9)。したがってここでは万物は神と全く同じ根拠をもっているのである。シェリングは神の存在の根拠を「神の内なる自然 die Natur in Gott」に見いだすことによって汎神論を克服しようとしたのである。

第三節　ライプニッツ

ライプニッツ（G. W. Leibniz, 1646-1716）は豊かな広い学識を備えたドイツ近世の稀にみるすぐれた哲学者であったが、また自然科学その他多方面にわたって画期的な仕事を成し遂げたと言われている。しかし哲学思想を多少なりとも組織的に纏めて著述したものは少ないが、われわれは数篇の著作の中からわれわれの当面の課題である「ペルソナ」概念のライプニッツ的把握を跡づけてみたいと思う。

デカルトは「実体」をもって「存在するために自己自身のほかに何ものをも要しないというように存在するもの」とした（本書一三五ページ参照）。これに対してライプニッツはデカルトのように実体を独立的存在という概念に終らせず、活動的な力が実体の本質をなしているとした。既にデカルトは物体と延長を同一視したが、ライプニッツによれば、延長は物体の本質に属すると言っても、それを構成するものではない。「延長 extensio」は延長せるものを前提とする抽象体である。実体の本質は「力 la force」に存する。ライプニッツは『新説 Système nouveau etc.』（1685）において物体の運動の要素として「力」の概念を強調している。つまり彼は以下のように語っている。彼は自然法則の理由を説明するために、力学の原理そのものを究めようと努力した結果、いわば「形而上学の領域に存する力」という概念に気付き、「実体的形相の本性は力に存する」ことを知るに至った、と。さらに彼はその「力」の概念にさまざまな表現を用いている。すなわち、機械論的な自然科学において用いられる力の概念は派生的であるが、個々の状態の発展系列の全体を捉えるときにわれわれの到達するのは「元初的な力」であり、別の表現として「真実の統一、あるいは実在的統一 l'unité véritable ou réelle」「実体的形相」「第一エンテレケイア[10]」「実体的統一」「形而上学的点」などがあげられる。[11]また上記『新説』の「最初の草稿」においても、「自然の中に物質的で延長をもつものしか認めない人びと」に対して、物体の運動の源が「力」の概念に存することを強調し、「力は実体の構成要素であり、力は実体の特質である作用の原理である」(IV, 472) と語られる。実現作用・能動性のないところでは実体概念は考えられないのである。

ところで上記の『新説』はその標題のうちに「魂と身体との間に存する合一 l'union qu'il y a entre l'âme et le corps」を含めている。既にデカルトも、エリザベト宛書簡において心身の実在的区別を説きつつも、他方では「私は精神と身体との合一、ならびにいかにして前者が後者を動かす力を有するかを私が考察する仕方をここで説明しようと思います」と語っていた(本書一三二ページ参照[12])。したがってデカルトは精神が身体に作用し、身体に現前することを説いたが、両者の接触しうる一点は、脳髄の松果腺にあるとした。しかしライプニッツにとっては魂の身体における「直接の現前」が問題であって、魂は身体のあらゆる部分に存し、特別の座は存しない。「魂」と「身体」との統一体が神によって創造されたときから、魂に生じるすべてのことは、魂の自発性によっているのであるが、外界の事象と全く適合して、それらは魂そのものの奥底から生じたように考えられるのである。魂と身体との関係について『新説』は次のように説明する。各実体は「宇宙全体を正確に表現し」、「実体の交通」は「一方が他方の法則を混乱させることなく」、特に有機的身体的なものは、魂の表出に応じて必要な運動を起こすのであり、「こうした交通のみがただ魂と身体との合一を成すのである」(IV, 484-485)。これに続いて、ライプニッツはさらに「魂と身体との合一」について次のように明確に語る、「魂が産出する表現系列は自然的に宇宙そのものの変化の系列に応じる。その代わり身体もまた魂が外部に働きかけているように考察される場合には、偶然の一致として魂に適合するようになっている」と(IV, 485)。ここで彼はこの見解を「一致の仮説」と言っているが、これはのちのいわゆる「予定調和」の思想に連なっている。

さて『新説』に先立つ「最初の草稿」によれば、「魂は本性上身体なしにはけっして存在しない」と言われ、魂の存在は身体と離れず、魂と身体との合一をもって「自我 le moi」が捉えられている(IV, 474)。しかもこの自我は「一つの実体」として把握され、「私が〈私〉と言うときには唯一の実体について語っている」と言われる(IV, 473)。魂と身体とは密接不離であるがゆえに、それの合一たる「自我」は「一つの実体」という表現が使用されたことになるが、『新説』においては「魂もしくは形相によって、われわれのうちのいわゆる自我と呼ばれるものに応じる真の統一が存している」と言われ(IV, 482)、魂による自我の統一に重点が置かれている。自我が自我としての統一を保つためには、「理知的魂 l'âme intelligente」の存在を前提する。『形而上学叙説 Discours de métaphysique』(1686) によれば、「理知的魂は自分の何たるかを知り、そして多く口にするあの〈自我〉という言葉を言うことができ、他の魂よりも以上に多く形而上学的に存続するばかりでなく、道徳的にもなお同一たるにとどまり、同一の人格 le même personnage を形成するのである」(IV, 459f.)。ここでは理知的魂が人格成立の前提であり、しかも人格の同一性を形成するのであって、同書においては、「人格、すなわち理知的実体」として換言されているのである (ib.)。

ところで既に明らかであるように、「魂は本性上身体なしには存在しない」と言われた。したがって「理知的魂」といっても身体から遊離したところに成立するのではない。つまり理性的存在者は身体を必ず有するのである。「私の哲学には有機的身体のない理性的被造物は存在しない」と言われる (『弁神論 Théodicée』1710, VII, §124)。このように魂と身体との複合体をもって人間存在を捉えるときの魂は「理知的」と言われ、それは「動物的魂」と区別されることは言うまでもなく、同義語としての「理性的な魂 l'âme raisonnable」と言ってもよいし、また「精神 l'esprit」とも呼ばれる。精神が「有限的精神」と言われる以上は、そこには無限的な「神」が当然考えられねばならない。『形而上学叙説』は「すべての実体とすべての存在の原理と原因」としての「神」が想定されねばならないとする (IV, 460)。したがって「神自身はすべての存在のうち最も偉大であると同じく、すべての精神のうちで最も完成したものである」(ib.)。こうした神によって創造された精神についてライプニッツはそれは「神の姿に像って創造された」(IV, 461) 以上は、神性に近づくことができると言う。したがって精神以外の「他の実体は神よりはむしろ世界を表出するが、精神は世界よりむしろ神を表出している」と言われる（IV, 462）。[13] ここには精神の優位が存している。精神は魂の段階の上位にあり、魂が理性によって高められれば「精神」に到るというライプニッツの基本思想が存する。これはのちに『自然及び恩恵の原理 Principes de la Nature et de la Grace, fondés en Raison』（1714）において「この魂が理性にまで高められるときには、それはいっそう崇高なものであり、精神の中へ数えられる」（VI, §4）と言われるに至るのである。

さて既に明らかであるように、ライプニッツは魂と身体との複合体をもって人間存在を捉えようとしているのであるが、特に「魂」が「理知的 intelligent」である点において、「理性的精神」と言ってもよく、それこそが人間人格の主要な要素を構成している。もとより「人格、すなわち理知的実体」と言われても、人格は身体を離れて存在するものではなかった。ライプニッツは『弁神論』において、「魂と身体とが同一の主体、すなわちいわゆる人格 personne と呼ばれるものを構成する」と言う（VI, §59）。したがってライプニッツにおけるペルソナ概念は伝統的なスコラ哲学における「複合的実体 substantia composita」であり、しかもデカルトにおいて「実体的合一」として把握されていたものである。ライプニッツが「実体的形相」「実体的統一」として実体を論じるのは、スコラ哲学の伝統に立脚するものであるが、彼は『形而上学叙説』において「スコラの哲学者や神学者の考えの中には、人が考えるよりもはるかに堅実さが存している」

と言っている（IV, 435）。「魂と身体とがいわゆる人格と呼ばれるものを構成する」というのもスコラ哲学的見解の踏襲である。

ところで既に明らかであるように、ライプニッツにとっては魂の身体からの分離はありえなかった。すなわち、「全く分離された魂は存在しない」とのちに公刊された『モナドロジー La Monadologie』（1714）も語っている（VI, §72）。したがってペルソナ概念は「身体から分離された魂」のみの存在とは考えられなかった。ライプニッツは「全く分離された魂というスコラの偏見」（VI, §14）と言ってスコラ学派を非難するが、特にペルソナ概念についてはスコラ学派がすべてそうであるとは言えない。例えばボナヴェントゥラは「身体から分離された魂」のみがペルソナであるとした彼の先覚者たち（サン・ヴィクトールのフーゴーや彼の師アレクサンダー）に対して、「身体を離れた魂は全くペルソナたる理由がない」と強調したし（本書六九ページ以下参照）、またトマスも「身体から分離された魂はペルソナではない」と語っていた。(14)

ところで魂と身体との複合体をもってペルソナを捉えるにしても、両者の関係についてライプニッツはスコラ哲学の把握の仕方について次のように語る、「スコラの哲学者たちは身体と魂との間には相互の物理的影響があると信じていたが、しかし思惟と延長的物質はともにどんな結合をももたず、それらは全く相違する被造物であると確かに考察されて以来、多くの近代人は魂と身体との間には、たとい形而上学的交通 la communication métaphysique は常に存在するにしても、どんな物理的交通も存在しないことを認めたのである」（Théodicée, VI, §59）と。ここでライプニッツは魂と身体との結合について「形而上学的交通」を承認しているが、既に同書の「序言」において「私は魂の身体に及ぼす物理的影響を否定する」が、「一方と他方との合一」を否定しないと言い、「この合一は何か形而上学的なものである」と語っている。この合一こそがペルソナを構成するものであった。両者の緊密な結合については既に『新説』において述べられた「一致の仮説」（本書一五二ページ参照）さらには晩年の著作『モナドロジー』における「予定調和」の思想において見いだされるのである。

さて既にわれわれが『形而上学叙説』において知ったように（本書一五三ページ参照）、「理知的魂」「理知的実体」たることは人格成立の前提であり、それは形而上学的に存続し、道徳的にも常に同一のままであって、実体的に変化することはない。道徳的同一性は人格の同一性と相即する。ロックの『人間悟性論』の批評に当たる『人間悟性新論 Nouveaux essais sur l'entendement humain』（1704）によれば、「魂は同一人格を構成するためにわれわれ自身にとって道徳的にして明白な同一性をなおも保持する」（V, 218）。こうした同一性の保持は、自分が何であるかということの認識であり、こうした自我認識は自分が過去の記憶・反省において常に同一であることを可能ならしめているのである。ここでライプニッツは自我意識を持ち出すことによって人格の同一性を認めようとした。それは「意識が人格の同一性を成す」[15]というロックの意見に賛同したことになる。「私もまた意識あるいは自我の意識的知覚は道徳的同一性あるいは人格的同一性を証明するという意見である」（ib., 218）と彼は言い、さらに語る、「自我それ自身によって道徳的同一性を見いだすためには近くの状態、のみならず他のものと少しく遠ざかった状態を媒介する意識結合が存するということで事足るのである」と（ib., 219）。

ところで人格の同一性を道徳的同一性と同一視するところに人格の道徳的意味が存するのであるが、さらには「不死」の問題が取りあげられてくる。そこにはライプニッツが宗教的関心を抱いていたことに注目されよう。彼は『弁神論』において「不死 immortalité」の問題を取りあげ、次のように言う、「人間において不死というのは、魂のみならず人格性 personalité が存続するという意味であり、換言すれば人間の魂は不死であると言うことによって、われわれは同一の人格であるとするものを存続させるのであり、こうした人格は意識あるいは自己が何であるかということの内的反省的知覚を保持することによって、自己の道徳的性質を守りゆくのである。そのため人格は刑罰及び報酬の能力あらしめられるのである」（VI, §89）と。人格の同一性を常に保持することは、自己の道徳的同一性を保持することであり、こうした同一性の欠如は当然道徳的性質をもたないことになる。

さて上述のように人格の同一性の保持は「不死」の問題と関連するものであるが、ライプニッツは人間の魂の不死と動物の魂の不死とを厳密に区別し、「人格性の保持は動物の魂には見いだされない」から、動物にあっては immortel と呼ぶよりも impérissable と呼びたいと言う（Théodicée, VI, §89）。ここで彼は動物の魂の不滅に対して、人間人格の同一性の保持を道徳的不死の問題として展開しようとする。ライプニッツが人間人格の不死をもって、すべて他のものの存続と異なるとした点は、人間の死後も自分の道徳的人格の記憶と意識とを保有しているということである。だからこの世と同様に来世においても、罰と報酬との存在を認めうるとしたのである。彼はクリスティアン・ヴァグナー宛の書簡（一七一〇年六月四日）において「確かに人間はこの世の生のゆえに、あの世の生において罰と報酬とが彼に与えられることを知らないとすれば、実際どんな罰も報酬も存在しないでしょう」と言う（VII, 531）。ライプニッツにおいて道徳的不死の問題が人格性の永続と関係して述べられている点は後年カントによってさらに発展せしめられていくのである。

さて既にわれわれの知ったように、スコラ学派に由来する実体概念を「元初的力」に見いだしたライプニッツはそれを「実体的形相」「実体的統一」「第一エンテレケイア」などという表現によって表わしているのであるが、晩年に至って彼はそれを「モナド la monade」という名称にとって代わらせている。したがってわれわれは以下少しく『モナドロジー』を顧みることにする。引用は文節のみ表示。

さて既にデカルトは「実体」を二区分し、「思惟」と「延長」という二次元的見解を主張していたことはわれわれの周知のことである。しかもこの二元論も、結局は「実体的合一」という思想を前提にしてそこから二元的思惟の生じるものであった。ライプニッツは「複合実体 substances composés」を可能ならしめるために原初的力としての「モナド」を規定する。「われわれがここで論じるモナドとは単純な実体にほかならず、それは複合体の中へ入っている。」「複合体が存在するから、単純な実体が存在しなければならない。というのも複合体は単純なもののかたまり、すなわち集合 aggregatum にほかならないからである」(§§1,2)。ここでライプニッツは実体を単純実体と複合実体とに分かつが、結局、個的実体はモナドであり、かつ多数のモナドが存在するとしている。ここには実体を唯一の無限者として規定したスピノザ主義とは異なる実体把握が存し、また実体をスコラ哲学同様に、神の存在のほかに被造物の二つの実体に限り、思惟と延長との二元論を説くデカルトとの相違がある。

ところで『モナドロジー』によれば「単純な実体」、すなわち「モナド」が単純であると言われるのは「部分がない sans parties」ということであり、したがって部分のないところでは「延長も形も可分性」もありえないし、また部分の結合と分離とによって生起することも消滅することもない。またモナドは独立の活動力であるから、他から影響を受けることなく、自発的にみずからの状態を開展するものである (ib., §§1,3,4)。「モナドの中へは何も移しかえるわけにはいかず、モナドの中でけしかけたり、導いたり、増大したり、減少したりされうるようなどんな内的運動も思いつくわけにはいかないのである。……モナドはそれを通してあるものがそこに入ったり出たりすることができるような窓を一向にもっていないのである」(ib.,§7)。ここでの単純実体、すなわちモナドの規定によれば、それが直ちに単純な神的実体に適用されてもよいのであり、既にトマスは単純実体を神のみに限定したことに通じているであろうが、しかしライプニッツは神的存在をモナドとする一方で、それと「創造されたモナド monas creata」とを分かっている。彼は一七一一年八月十二日、ビールリング宛の書簡において次のように言う、「モナドあるいは単純実体は一般に表象 perceptio と欲求 appetitio とを本質として含んでいます。そしてそれは万物の最高の根拠である根源的モナド、すなわち神であり、あるいは派生的モナド、すなわち創造されたモナドであります」と（VII, 502）。ここには「根源的モナド」と「創造されたモナド」とが区別されている。特に後者について言えば、「被造物・生物・動物・エンテレケイア・魂」の世界であって、「生物あるいは動物の身体は常に有機的である。すべてモナドは自分のあり方に従って宇宙の鏡 un miroir de l'univers である」（Monad., §63, §66）。それぞれのモナドは全宇宙を表現し、宇宙のすべてはモナドの総和である。

ところでモナドは「表象と欲求」とを本質として含むと言われた。したがってモナドは表象する存在であり、それぞれの相違は表象作用の相違に基づいている。ライプニッツは表象 la perception と意識的表象 apperception とを区別したが、単に表象というときには、一滴の波の音のように不明瞭な無意識的表象、すなわち微小表象 la petite perception をも含めている（Discours de Métaph., IV, 459）。こうした「混雑した表象 perceptions confuses」の段階にあるものは最下位のモナド、すなわち「全く裸のモナド la monade toute nue」（Monadol., §24）である。さらに表象が意識的となり、「いっそう明瞭にして記憶を伴う場合」、モナドには「魂 l'âme」という名称が与えられる（ib., §19）。こうした意識的表象は動物においても見いだされる。動物は「感覚的な魂」しかもっていないが、「人間の本性」に到達すると、「その感覚的な魂は理性の段階へ、そして精神の特権へと高められるのである」(ib., §82)。この理性の段階へと高まった精神、すなわち「理性的精神」はモナドの最上級であって、人間の最も完成した姿であり、既に言われたように、「被造物の宇宙の鏡であるばかりではなく、神性の似姿である」(Principes de la nature, §14 ; Monad., §83)。以上のようにすべてモナドはそれぞれの表象の明暗の程度に応じて三段階を有するものであるが、また同じくそれぞれは宇宙を反映しているけれども、その反映の程度において相違があり、混雑した認識をもっているものよりも、判明な認識をもっているものへと高まる必要がある。このようにモナドはそれぞれ宇宙を表象するが、それぞれ異なった仕方において宇宙を反映する以上、宇宙にはこの上ない多様性と同時に統一と秩序をもったこの上ない絶対的調和が存している。この調和の思想はわれわれ人間存在を構成する心身の問題においても適用されたのである。

周知のように精神の属性を「思惟」として、身体の属性を「延長」として規定し、精神と身体とが実在的に区別されているとしたのはデカルトの「省察」の第一の根本問題であった。全く本質を異にする精神と身体とがどのように関係するのか、精神はどのように身体を意識しうるのか、われわれの精神はどのように外界の意識をもちうるのか、こうした問題はデカルト哲学にとっては困難な問題であった。こうしたデカルトの問題の前提に立ってライプニッツは既に述べられた点よりすれば、魂と身体との形而上学的結合を認めたのである。ところで生物は自然学的にみれば個体ではあるが、形而上学的な意味における個体ではない。それは多数のモナドの集合である。既に明らかであるように、モナドは独立の活動力であったから、他から影響を受けることなく、互いが作用しえないとすれば、魂はどうして身体に作用し、身体を動かすことができるのか。「魂はそれ独自の法則に従い、そして身体は同じくそれ自身の法則をもっている」(Monad., §78)。前者の法則は「目的原因の法則 les loix des causes finales」であり、後者の法則は「作用原因の法則 les loix des causes efficientes、すなわち運動の法則」である。しかも「二つの世界、すなわち作用原因の世界と目的原因の世界とは両者のうちに調和がある」(ib., §79)。したがって「魂と有機的な身体との一致はすべての実体間の予定調和による」(ib., §78) のである。このようにみれば作用原因と目的原因との間には完全な一致が存することになる。

ところで自然界にあっては個々の出来事はすべて機械論的に説明されねばならないが、それら出来事の全体、すなわち自然界そのものの存在の理由は目的論的にのみ説明しうるのであって、結局はいかなる事物も出来事も皆世界の完全という目的のために存在するのである。したがって機械論的見地は目的論的見地に従属することになる。「確かに自然の国は恩寵の国に従属しなければならない」が、「一切は神の偉大なる計画の中に縛られている」からである (Théodicée, VI, §118)。こうした見解の下に機械論と目的論とが調和されているのである。この二つの見地は創造者としての神の内に存していたのである。ライプニッツは『事物の根本的起原 De rerum originatione radicali』(1697) において「事物の作用原因のみならず、目的原因も神のうちに存する」と語っていた (VII, 305)。したがって作用原因も目的原因も結局はいわゆる「叡知的原因」

すなわち最高の存在体としての神に起因するのである。こうした神との「一種の交際関係」に入ることのできるのは人間の本性にあっては理性的精神であり、それは「神性そのもの、すなわち自然の創作者そのものの姿」であるから、いわば「小さな神性 divinité」のようなものである(Monad., §83)。神と理性的精神としての人間本性との関係は、「君主とその臣下、それどころか父と子」の関係と言ってよい(ib., §84)。この関係の存するところでは「有限的な精神」にとっては目的原因の最高の表現である究極目的の国、「道徳的世界」すなわち「恩寵の道徳的世界 le règne moral de la grace」(ib., §86,87) は「意志の全目標」を形成しなければならず、そしてそれのみが「われわれの幸福を生じさせうるのである」(ib., §90)。ライプニッツは既に『形而上学叙説』において、神と被造物としての精神との関係を論じ、君主としての神が命じたのは、精神が常に道徳的性質を保持していくということであり、この道徳性実現のためには神は「善なる意志」のみを要求し、「臣下を完全に幸福たらしめるために、神はただ人が神を愛することのみを欲しているのである」と語っていた(IV., 462)。ここでは神への愛が自己の幸福への制約となっているのである。「真の幸福は神への愛に存する」と『弁神論』序言は語っていたのである。

以上のように作用原因の世界と目的原因の世界、すなわち自然の国と目的の国とのうちに調和が存し、特に後者は「恩寵の道徳的世界」としてわれわれの「意志の全目標」となるものであり、この道徳的世界に到れば、われわれの「幸福」が得られる、つまりはこの世界においては徳福一致が得られるということになるが、それがライプニッツ思想の骨子であると言ってよい。結局この二つの国の調和の帰するところは最高存在者としての神なのである。こうしたライプニッツの思想をカントは彼の批判的立場から発展させようとしたのである。したがって以下ライプニッツとカントとの思想的関連について少しく論究してみることにする。

◇ライプニッツとカント

さてライプニッツの強調した「恩寵の道徳的世界」はカントの『純粋理性批判』によれば次のようになる。「世界があらゆる道徳法則に従っているかぎり、私は世界を道徳的世界と名づける」(B.836)[16]。この世界はカントのいわゆる「叡知的世界」である。この「叡知的世界、すなわち道徳的世界においては道徳性と結びついた釣り合いのとれた幸福の体系もまた必然的として考えられうる」(B.837)。こうした幸福が「(幸福であるに値することとしての)道徳性とぴったり釣り合いをとっているかぎり」こうした道徳と幸福との結合をカントは「最高善の理想」[17]と呼び、こうした理想は「賢明なる創造者と支配者の下における叡知界においてのみ可能である」(B.839)と言い、根源的存在者である神の存在を定立したことになる。ライプニッツが道徳的世界をわれわれの意志の目標とし、その世界においてのみ幸福の可能なることを述べたことはカントの主旨に通じるものであったのである。

ところでカントは「最高善の支配の下において理性的存在者が道徳法則に従う関連だけに注意を払うかぎり」、その世界を、ライプニッツは「恩寵の国と名づけ、それを自然の国」と区別した」と語る（B.840）。しかもライプニッツにおいては、両者は予定調和して、完全なる一致がみられ、それは神の内において可能であるとされた。カントは晩年において、ライプニッツの「恩寵の国」を「究極的目的、すなわち道徳法則の下なる人間に関する目的の国」と換言した（Über eine Entdeckung usw., 1790, VIII, 250）。したがって「自然の国」と「目的の国」との対立について『純粋理性批判』以後カントの論及した点を追求してみることにする。『道徳形而上学の基礎づけ Grundlegung zur Metaphysik der Sitten』(1785) は目的の国の成員には、義務が一律に帰属することを説いた。「目的の国は自分自身に課せられた規則に従ってのみ可能であり、自然の国は外的に強制された作用原因の法則に従ってのみ可能である」（IV, 438）。この二つの国の調和は理性的存在者にとっては実現は不可能である。カントは言う、「自然の国の当を得た配置が……可能的な目的の国にふさわしい成員としての存在者と調和するということ、すなわち彼の幸福の期待を助長するということ、こうしたことを理性的存在者はあてにすることはできない」（ib.）。だからこうした調和は『純粋理性批判』においてみられたように、「賢明な創造者」の下において可能であることになる。しかし「自然の国と目的の国とがひとりの首長の下にまとめられていると考えられるにしても」、それにもかかわらず「単に可能的な目的の国に属する普遍的に立法する成員の格率に従って行為せよ」という定言的命法が発せられる（IV, 439）。したがってわれわれにとって自然の国と目的の国との調和・一致は困難であるにしても、自然の国の外的強制に抗して「目的の国」の実現が命じられるのが『基礎づけ』の思想の特色である。

さてカントは一七九〇年の論文において、ライプニッツの調和の思想に言及し、「そこではわれわれの自然概念から生じる結果と自由概念から生じる結果、すなわちわれわれの内なる全く等しからざる原理の下なる二通りの全く異なった能力の調和が考えられるべきである。……しかしそうした調和は批判が教えているように、絶対的な世界存在者の性質からではなくして、われわれにとっては少なくとも偶然的な一致として捉えられうるが、ただ叡知的な世界原因によってのみ捉えられうるのである」(Über eine Entdeckung, usw., VIII, 250)。ここでカントは自然の国と目的の国との調和を叡知的世界原因に帰着せしめているが、われわれにとっての調和の実現があるとすれば、「偶然的な一致」の場合であると語っている。『基礎づけ』は偶然的な一致であるにしても、目的の国の実現を命じることによって、徳と幸福との一致をはかろうとしている。ところでライプニッツが二つの国の調和を最高存在者としての神に帰せしめた思想はカントの『判断力批判 Kritik der Urteilskraft』(1790) において顕著となるのである。

カントは『判断力批判』において語る、「われわれは道徳法則によって普遍的な最高目的に向かって努力するよう迫られているのを感じるが、しかしながらわれわれと全自然とがこの目的に到達する能力がないと感じている。われわれはこの目的に向かって努力するかぎりにおいてのみ、一つの悟性的な世界原因の究極目的に適合していると判断してよい」と (V, 446)。ここでカントは「目的の国」の実現をわれわれの義務として説いているが、他方われわれが「自然の国」の成員である以上、この究極目的実現は不可能であるとする。したがって『判断力批判』は「義務として課せられた究極目的」と「あらゆる究極目的をもたない自然」とは「矛盾関係に立っている」から、「人間は彼らの内的道徳法則と自然との一致の可能性の原理を考えだすことができるとすれば、道徳的法則に従って世界を支配する最上原因以外にはなかった」(V, 458) と語るが、既に述べられたようにライプニッツは「道徳的世界」、すなわちカント的表現においては「目的の国」の実現をもって「われわれの意志の全目標」とし、そしてそこに「幸福 le bonheur」の実現が存するとした。ここで言われる「幸福」とはカント的に言えば、「人間が幸福であるに値することWürdigkeit glücklich zu sein としての道徳性の法則と一致することとの客観的制約の下にある幸福である」(V, 450)。この幸福は「道徳法則の遵守と調和的に一致する理性的存在者の幸福である」(ib., f.)。ここで「客観的制約の下にある幸福」に対して「主観的制約である幸福」が考えられる。したがって客観的制約の下にある幸福と主観的制約の下にある幸福を調和的に一致させること、つまり両者が結合されるものとしては、「われわれの理性的能力からしてはそれを表象することは不可能である。」「したがってわれわれは道徳法則に従って一つの究極目的をわれわれの前に定立するためには道徳的な世界原因（世界創造者 Welturheber）を想定しなければならない」(V, 450)。

以上の『判断力批判』によれば、究極目的、すなわち「目的の国」と「自然の国」とは「矛盾関係に立っている」から、両者一致の可能性の原理を見いだそうとすれば、「世界支配の最上原因」「世界創造者」を想定しなければならないことになる。それは既にライプニッツが、作用原因も目的原因も「叡知的原因」としての「万物の創造者」を想定したことと同じことである。『判断力批判』において究極目的の完全な実現を有限的な理性的存在者にとっては不可能であるとしたカントはその後の『宗教論 Religion inn. d. Grenzen d. blos. Vernunft』(1793) において言う、「道徳法則の最も厳しい遵守が（目的としての）最高善を招来する原因であると考えられるべきであるとするならば、世界支配者としての全能の道徳的存在者が想定されねばならない」と（VI,8 Anm.）。道徳法則の最も厳しい遵守がわれわれ有限的存在者にとっては望むべきではない以上は、「この世における幸福を幸福であることに値することと一致させ実現すること」は「人間能力はそうするには十分ではない」(ib.)。そこに世界支配者としての道徳的存在者を想定せざるをえないことになれば、道徳は宗教の領域に移っていく。「道徳はかくして不可避的に宗教に至るのである」(ib.)。

第六章　近世経験論哲学におけるペルソナ概念の解明

第一節　ホッブズ

ホッブズ（Th. Hobbes, 1588-1679）は自己のペルソナ概念を展開するに当たって、伝統的な語源学的意味に言及している。「ペルソナという語はラテン語である。ギリシア人はそれの代わりにπρόσωπονという語を有し、それは顔faceを意味する。それはちょうどラテン語のペルソナが舞台の上で装われた人間の仮装や外観を意味するのと同じである。……そしてそれは舞台から移されて劇場においてと同じく法廷においても言葉と行為を代表する者となった。したがってペルソナというのは舞台においても通常の会話においても、行為する人（役者actor）と同じであって、そして役を演じるpersonateというのは自分自身や他の人の役を演じること、あるいは代表するrepresentことである。そして他人の役を演じる人は、その人のペルソナを担うとか、あるいはその人の名前において行為するとか言われるのである。(1)」ここでホッブズはペルソナを「行為する人actor」と規定しているのであるが、その行為する人が自分自身の行為をするか、あるいは他人の行為をするか（他人を代表する）、いずれか二通りを考えている。このことについては彼の『哲学要綱』の第二部『人間について De homine』（1658）において、『リヴァイアサン』と同一の主旨であるが、「ペルソナの定義」について次のように説明している。「ペルソナとは、人間の言葉と行為とがそれに付与されるものであって、自分の言葉と行為であるか、あるいは他人のそれらであるか、である。もしも自分の言葉や行為であれば自然的ペルソナ persona naturalis であり、もしも他人のそれらであれば仮想的ペルソナ persona fictitia である。それゆえ同一の役者が全く異なったペルソナを異なった時間に上演しうるにしても、やはり誰でも人はより多くの人を表現することができる」[2]と。ここでペルソナは二つに区別して考えられている。すなわち、「自然的ペルソナ」と「仮想的ペルソナ」である。後者はまた「人為的ペルソナ artificial person」とも言われる。すなわち「他人の言葉と行為を代表するものと見なされるならば、彼は仮想的ペルソナまたは人為的ペルソナである」（Leviathan, p.147）。

ところでホッブズはラテン作家のうち上述のペルソナの定義を最も巧みに表現したのはキケロ（M. T. Cicero, 106-43 B.C.）であるとし、キケロの次のような『アッティクスへの書簡』を引用する、「ただひとりである私は三つの役を演じます sustineo tres personas、すなわち私自身の役、私の相手の役、そして裁判官の役です。」さらにこれに続いて彼は次のように解説する、「ここではキケロは知的実体であるひとりの人であった、そして彼は彼自身のために弁護したから、自分自身を彼自身のペルソナと称する、そしてまた彼は彼の相手のために弁護したから、彼の相手の役を演じたのであると、彼は言う、そして最後に、彼は彼自身に判決を与えたから、彼は裁判官の役を演じたのであると、彼は言う」[3]。このようにホッブズはキケロの言葉を引用して、「知的実体であるひとりの人」が三つの役割 persona を演じるとしている。

ともかく以上のようにホッブズはペルソナという語を舞台において役を演じる人（actor 役者）という意味から出発している。劇は役者と作者 author との関係から成り立つ。したがって作者の意志に基づいて役者は演技する。いわば役者は代表者である。特に「他人の言葉と行為を代表するもの」としての仮想的ペルソナ、あるいは人為的ペルソナについては「そのうちのあるものは、彼らの言葉と行為が、彼らが代表する人びとの所有するものであり、そしてその場合のそのペルソナは役者 actor（行為者）であり、彼の言葉と行為を承認する人は作者 author である。その場合には役者は権威（authority, auctoritas 作者の権利）によって行為するのである。……そして所有する権利が支配権 dominion と呼ばれるように、ある行為をなす権利は権威と呼ばれる。したがって権威とは常にある行為をなす権利だと理解され、そして権威によってなされる done by authority とは、その権利をもつものからの指令、あるいは許しによってなされるということである」（Leviathan, p.148）。ここで特にホッブズは「他人の言葉と行為を代表するもの」としての「人為的ペルソナ」について語っているのであるが、それは常に「代表者」である。しかも「代表するもの」は「一つのペルソナ one person」である。この点については大略次のように説明される。すなわち、多数の人びとは、「ひとりの人」とか「一つのペルソナ」によって代表されるのであるが、そのさいには群衆の意志は一つのペルソナによって統一される。したがってそのことは多数の人びとのうちの各人の同意でもって特になされるのである。というのもペルソナを一つ one とするのは、その代表者の「統一性 unity」であって、代表されるものは群衆であって、「統一性」をもたないからである。それでそのペルソナたることを受けるに適合するのは代表者であって、ただ一つのペルソナたるにすぎないのである。この代表者は多くの人びとの名において語ったり、為したりするのであるが、各人は彼らの共通の代表者に、特に自身から権威を与えるのであり、彼らが無制限に代表者に権威を与える場合には、代表者が行なうすべての行為を認めることになるのである（ib., p.151）。

ホッブズはペルソナ概念のもつ二つの意味、「自然的ペルソナ」と「人為的ペルソナ」に関して、特に後者について多大な関心を抱いて、それの有する意味をさらに展開させようとし、自然状態にある人間が秩序ある社会状態の建設に向かうためには「人為的ペルソナ」の有する意義を強調する。すなわち、他人の行為を代表するものとしての「人為的ペルソナ」は、彼の『哲学要綱』第三部『市民について De civis』（1642）においては法的意味における「市民的ペルソナ persona civilis」という表現となる。例えば大多数の人びとの「結合 unio」によって形成されるものとして、「国家 civitas あるいは市民社会 societas civilis は市民的ペルソナ persona civilis とまで言われる」(4)。ホッブズが『リヴァイアサン』第二部第十七章において「国家 commonwealth」について・「その原因・発生・定義」を解明している。「かくして一つのペルソナに統一された多数の者は、コモン－ウェルス、ラテン語ではキウィタスと呼ばれるのである。」「国家は一つのペルソナであって、それがなす行為に関しては一大民衆が各人の相互の契約によって、自分ら各人を創始者 author としたのであり、それは国家が彼らの平和と共同防衛のために得策と考えるときには、彼らすべての能力と資力を使用してもよいという目的のためである」(Leviathan, p.158)。ここでは万人の意志が一つになっており、「一つのペルソナ」が認められるべきである。このペルソナは「一つ unus という名の下では、固有な法や自身に独自の利益を有するすべて特殊な人間から区別され識別されるべきである。」「それゆえ国家はわれわれがそれを定義するように、一つのペルソナであり、その意志は多くの人びとの協定に従って、万人自身の意志と見なすべきである」(De cive, p.214)。

ところで『市民について』において言われる「市民的ペルソナ」のうち「国家はすべての市民的ペルソナであるにしても、しかし反対にすべての市民的ペルソナは国家ではない。」例えば「商人組合 sodalitas mercatoris とか他の非常に多くの市民団体 conventus」などは「市民的ペルソナ」ではあるが、しかし「国家は単純に市民団体の意志に従属しない」のであるから、「それゆえにもろもろの団体は国家に従属せる市民的ペルソナである」(De cive, p.215)。以上のように市民的ペルソナは任意の少数の団体から始まって、最も広範囲の人びとの意志によって成り立つ国家までに至っている。国家こそが万人の意志の帰着する「人為的ペルソナ」であったのである。

以上のようにホッブズはペルソナ概念究明に当たってその語の語源学的意味を出発点とし、舞台における役者（actor 行為者）がさまざまな「役を演じる personate」ことから、「自分自身や他の人の役を演じる」ことをこの語の意味とし、「通常の会話」においても、自分の行為をするか、他人の行為をする、すなわち他人の代表をするか、の二通りのペルソナのあり方に注目した。すなわち、「自然的ペルソナ」と「人為的ペルソナ」である。そして自己の行為の主体としての前者よりも他人の行為を代表することを意味する後者について詳細な論述を行ったのである。「人為的ペルソナ」は法的意味において「市民的ペルソナ」と換言されてよい。市民的ペルソナはもとより特殊な市民団体を含むけれども、それとは異なってそれらが従属すべき「一つのペルソナ」は「国家」である。国家において万人自身の意志が代表されるのである。ホッブズの見解によれば、国家こそ人間が自然状態を脱するために法によって秩序づけられた共同体である。それこそは実に人間の創る最も優れた創作物であったのである。

ところで既にわれわれはペルソナの定義を最も巧みに表現したのはキケロであるというホッブズのキケロからの引用を知った。ホッブズはキケロの用いたペルソナと「同じ意味においてわれわれは俗に英語においてその言葉を使用する」と語り、それに続いて「彼自身の権威によって行為する人を、彼自身のペルソナと呼び、他人の権威によって行為する人をその他人のペルソナと呼ぶ」と言う。彼にとってはラテン語のペルソナという表現がギリシア語の πρόσωπον よりも極めて適切であった。だからペルソナ表現は高く評価されて次のように言われる、「かくしてわれわれはペルソナという語の正確な意味を有する。ギリシア語はその意味を表現することはできない。というのもπρόσωπον は当然顔であり、そして隠喩的には舞台上の役者の覆面であるからである。それならギリシアの神父たちは聖なる三位一体におけるようなペルソナという言葉をどのように表現したのであるか。うまくはいかない。彼らはペルソナという言葉の代わりに実体を意味するヒュポスタシスを当てた。そこからしては次のように推論されてもよいであろう。三一性における三つのペルソナは三つの神的実体、すなわち三つの神である、と。πρόσωπον という言葉を彼らは使用することができなかった。なぜなら顔とか覆面とかは彼らにとって尊敬すべき神の属性のどれでもないし、またギリシア教会の意味の説明となるものでもないからである。だからローマ教会（そしてその結果としてイギリス教会）は至るところでヒュポスタシスという語をペルソナという語によってアタナシウスの信条としている。(5) しかしヒュポスタシス的結合 hypostatical union という言葉は正当に維持され、二つのヒュポスタシス、すなわちキリストのペルソナにおける二つの実体、あるいは本性の結合であるとして、神的なものによって使用されるのである」(An Answer to Bishop Bramhall, p.311)。ともかく「アタナシウスの信条の内に存したヒュポスタシスという言葉」に代わって、ローマの教会が彼らの自身の言葉ペルソナを使用したことに注目すべきであるが、ホッブズは「聖なる三位一体におけるペルソナという言葉」を彼独自の立場から解釈しようとする。ここでは伝統的にスコラ哲学においてペルソナをヒュポスタシス、スポジトゥムとして把握した見解は避けられている。ホッブズの「三位一体」の解釈は「他人の言葉と行為を代表すると見なされる人為的ペルソナ」というペルソナ観に立脚している。すなわち、「三回も代表されてきた神は三つのペルソナであると当然十分に言われてよい。」「これはペルソナの固有の意味、すなわち他のものによって代表されるという意味における三つのペルソナにぴったり一致する」(Leviathan, p.487)。

さてホッブズが「三位一体」という語を聖書に帰するとすれば、聖ヨハネの次の言葉が引用される、すなわち「天に証言するものが三つある、父と語と聖霊であって、これら三つは一つである」(『ヨハネ第一の手紙』五・七)[6]。神は三つのペルソナによって代表されるということを彼は次のように解する。「父である神はモーセによって代表されたものとして、一つのペルソナであり、そして彼の息子によって代表されたものとして、もう一つのペルソナであり、そして使徒たちにより、……博士たちによって代表されたものとして第三のペルソナである。しかもなおここにおけるおのおののペルソナは同一の神のペルソナである。」このようにホッブズは三一性をもって「同一の神のペルソナ」と解するのであるが、「神性の意味における父・子・聖霊という名称」は聖書から直接推論しうるとし、旧約においてはけっして使用されなかったのである(Leviathan, p.487-488)。

以上のように伝統的神学の概念である三位一体に関する見解は、ホッブズ自身の独自の解釈によって従来のスコラ哲学的解釈とは趣きを異にすることになった。そこでは彼のペルソナ概念の把握を前提として論が進められている。既に明らかにされてきたように、彼のペルソナ概念の根源的把握は舞台において役を演じる人という点から出発していた。そこを起点としてペルソナは「自然的ペルソナ」と「人為的ペルソナ」とに区別された。特に後者については「代表者 Representer」「代表 Representative」などという表現によって表わされ、この表現はまた市民社会におけるさまざまな団体に適用されることになるが、その場合「市民的ペルソナ persona civilis」となって現われる。特に「国家 civitas, commonwealth」こそは全体の意志を代表して、それを実行する力を有するペルソナである。ホッブズが「自然的ペルソナ」よりも「人為的ペルソナ」「市民的ペルソナ」に重点を置いたのは、自然的状態における人間には欠けている秩序ある社会の建設を重視したからであると思われる。

第二節　ロック

ロック（J. Locke, 1632-1704）が『人間悟性論 An Essay concerning Human Understanding』（1690）を刊行した目的は次の点に存している、すなわち「私の目的は人間認識の源泉・確実性、および範囲を調査することである」(7)（I. 1. 2, p.9）。この目的はのちにカントが批判哲学の目的を「形而上学の源泉、並びにその範囲と限界との確定」(8)としたことと大体一致した見解に立っていることは明らかである。したがってロックはカントに先立って認識論を哲学に導入したことになる。ところでロックは人間の認識能力を吟味するに当たり、次の点に注目した、すなわち「悟性はどこまで視野を広げることができるか、悟性はどこまで確実性に到達する諸能力を有しているのか、そ(9)

してまた悟性はどんな場合にただ判断したり、推測したりすることができるのか、などをわれわれが発見することができるならば、われわれはこの状態においてわれわれによって到達できることがらに満足するようになるであろう」と（I, 1. 4, p.12）。そしてロックは同じ箇所において悟性の認識の到達する領域を吟味し、「人間の心の理解を超えることがらに関与するときにはいっそう用心深くあること」、「われわれの能力の到達を超えていると発見されるようなことがらについては、おとなしく知らないと素直に受けること」が肝要だとしている（ib.）。そして悟性の認識はどこからすべての材料を得てくるかと言えば、「私はこれに対して一言で言えば経験からと答える」とロックは言う。「すべてわれわれの認識はこの経験に基づき、認識は結局は経験に由来するのである」（II, 1. 2, p.42）。したがって「心の理解を超えることがら」「われわれの能力の到達を超えていることがら」については、すなわち経験的認識を超えたことがらについては、われわれは「無知」である。だからといって彼は「形而上学」に対し否定的であったかどうかは従来問題とされてきたし、ロックは「一貫した経験論者（すなわち純粋な感覚論者）ではない」とも言われている。(10)

ところでカントは周知のごとく、「われわれのあらゆる認識は経験とともに始まるということにはけっして疑いはない」として経験主義の立場に立った。すなわち「時間の上ではわれわれにおけるどんな認識も経験に先立つものではない、そしてあらゆる認識は経験とともに始まる。」「しかしわれわれのあらゆる認識は経験とともに始まるとしても、だからと言ってあらゆる認識がすべて必ずしも経験から生じるとは限らない」とカントは言う。(11) この点はロックが「すべてわれわれの認識は経験に由来する」と語った言葉に対して、カントが単なる経験論に与しなかった重要な点であるが、経験主義にとって自明であった経験に対していかなる基礎づけを与えるべきであるか。経験を基礎づけるためには経験を超えたもの、「いわゆる超越論的なもの das Transzendentale」が要求されねばならない。それがロックを超え出ていくカントの立場であった。しかしロックがわれわれの認識を経験的世界に限定しつつも、何らかの形においてデカルト的な合理論的要素を残していた点は彼の『悟性論』のうちに見いだされることは識者の指摘するところである。

合理論に関して言えば、一般的には合理的なアプリオリな認識の主張の結果、いわゆる「生得観念 idea innata」が人間には存するとする。例えばデカルトが、人間は生まれながら明晰判明な生得感覚を有するとしたのは周知のことがらである。しかし経験によらない生得観念をわれわれが有することを否定したのはロックである。しかし彼が最初に念頭に置いていたのはデカルトの立場ではなく、スコラ学派の人びとであったとも言われるが、(12) ここではそうした問題に論及する箇所ではない。ともかくロックは次のように言う、「いくらかの人びとの間では、悟性には一定の生得的原理 innate principles、すなわちある一次的概念、共通概念、言わば人間の心に刻印された文字があって、魂はまさしくそれらの存在の初めにこれを受け取って、この世にもってくるというのが確定された意見である。この仮定が誤りであることを公平な読者に確信させることは十分であろう」(I, 2. 1, p.16)。ここでロックは生得的原理とか生得観念 native idea とかを全く否定した。原理の生得性を語るときには、その原理が普遍妥当性を有するという前提に基づいて主張されるのである。しかしロックによれば「すべての人類が普遍的同意を与えるような原理は一つもない」(I, 2. 4, p.17)。このように「生得的原理」「共通概念」の存在を否定したロックによれば、一切の観念の起源は経験的に説明されねばならない。「心 mind はすべての文字を欠いた何の観念もない白紙 white paper であると仮定しよう」(II, 1. 2, p.42)。この白紙に文字が書かれ、われわれの認識がすべて材料を得てくるのは、既に述べられたように「経験から」である。

ところでロックは「観念 idea」という言葉をしばしば使用するが、それについて彼は言う、「思うにこの語は、人が考えるときに何でも悟性の対象であるものを表わすのに最も役立つ言葉であるから、私はそれを、何でも空想 phantasm、概念 notion、形象 species によって意味されるもの、あるいは何であろうと、思惟するに際して心の従事しうるものを表現するに用いた」(I. 1. 8, pp.15-16)と。ここでロックは観念をもって悟性のあらゆる対象であるとした。しかし観念は初めから悟性のうちにあるのでもなく、悟性によって作られるものでもなく、既に明らかであるように、すべての「認識は経験に基づく」のであるから、経験が悟性に観念を与える。しかも観念の源泉は二つある、すなわち「感覚 sensation の対象としての外的物質的事物と、反省 reflection の対象としての内なるわれわれ自身の心の作用とが一切のわれわれの観念の始まる唯一の起源である」(II, 1. 4, p.44)。ここでは感覚と反省とが悟性にすべての観念を与えるのであって、この二つからすべての観念を導出し説明するのがロックの認識論である。つまりは「感官の対象の観念、または反省の対象として考えられた心の作用の観念」以外にわれわれの認識に入ってこないようなものは何もない（II, 1. 5, p.45）。ここでは感覚的対象と関係するわれわれの感官の作用と心の作用とを区別するときには、デカルトの身体と精神との二元論の影響がみられるが、観念の起源としては、ロックにおいては、外的対象の感覚の方がより先に獲得されると考えられている。すなわち、上述の点を繰り返すことになるが、「まず第一に個々の感覚的対象に親しんでいるわれわれの感官」によってわれわれは観念を得るのであって、これこそが「われわれの有する諸観念の大部分の偉大なる源泉」である。ついでに「第二にもう一つの源泉は……われわれの内なるわれわれ自身の心の作用の知覚である。」これは外界の事物から得られなかった別の組の観念を悟性に与えるのであって、この観念の源泉は感覚的ではないが、「内官 internal sense」と呼ぶのが適当であろう。しかもこれによって得られる観念は「心がそれ自身の内なるそれ自身の作用を反省する」ことによって得るようなものだけであるから、感覚に対して「反省 reflection」と呼ぶのである（II, 1. 3-4, pp.43-44.）。

以上のように「感覚」と「反省」とがわれわれの認識の源泉であり、われわれの有するすべての観念はこれらによって生じると言われるが、ロックはのちに「実体」について述べた箇所において「結論」として次のように言う、「感覚は個体的な延長する実体があることをわれわれに確信させる、そして反省は思惟する実体があることをわれわれに確信させる、経験はこうした存在者の存在をわれわれに保証する」(II, 23, 29, p.171) と。ここでは既にわれわれの知ったように、デカルトが「精神、すなわち思惟する実体」と「身体、すなわち延長を有する実体」との実在的区別を主張したことと同一線上にあることは疑いないのである。

ところでロックは『悟性論』第二巻第二十三章において「実体」一般を取扱ったのであるが、この章は最も重要であると思われる。「思惟する実体」と「延長する実体」とに関しては次のように論及されている。「われわれは精神の特性、すなわち思惟することと働く力について明晰・判明な観念を有している。」また「われわれは身体の特性、すなわち固体的な密着した部分と衝撃について明晰・判明な観念を有している」(II, ib.)。このようにわれわれは精神と身体についてそれぞれの観念を有するのであるが、しかし「精神の実体はわれわれにとって未知であり、そして同様にまた身体の実体もひとしくわれわれにとって未知である」と言われる (ib.)。われわれは精神や身体の性質について明晰な観念を有するのであるが、そうした諸性質を支持するもの、つまり「諸観念が存立し、そしてそれらがそこから結果として生じるある基体 substratum」を想定する。それゆえ「われわれはそれを実体 substance と呼ぶ」(II, 23, 1. p.155)。実体は観念が生じるために基体として存するが、それはわれわれにとっては認識しえないものである。さらに言われる、「われわれが実体という一般的名称を与えている観念は、われわれが存在していることを見いだし、何か支持するものがなくては存立しえないと思うような諸性質の想定されてはいるが、未知の支えにほかならないから、われわれはその支えを実体と呼ぶ、それはその言葉の真の意味に従えば、分かり易い英語で、下に立つ standing under、あるいは支える upholding ということである」(ib., p.156)。ここでは伝統的なスコラ哲学において論じられてきた実体概念がロックによって独自に解釈されているのである。ともかく人間存在をもって精神の実体と身体の実体との複合実体であるとする見方が捉えられているとしても、その複合体は「ある共通の主体において存在し、それによって支えられているとわれわれは仮定する。その支持するものをわれわれは実体という名称によって示すのである」(ib., p.157) とロックは言うから、精神と身体との両実体は「共通の主体」として、それによって支えられるところに現存在としての人間存在が成立しているのであり、それを彼は「人格」概念として規定しようとするのである。

さてここでわれわれはロックにおける人格概念を解明することになるが、人格は実体概念と密接に関係した概念であることは既に明らかである。ロックは『悟性論』第二巻第十七章を該書の第二版において付加したが、標題は「同一性と差異性について」と名付けられている。この章は特に「人格の同一性」を中心として論が進められている。ところでロックは「実体」に関して、「われわれは三種の実体に関する観念しか有していない」として、「一、神、二、有限的知性的存在、三、物体」をあげている (II, 27, 2. p.183)。ここで「有限的知性的存在」とされているものは「実体」であるにしても、ロックのいわゆる「人格」であると言ってよく、彼がのちに語る「思惟する知性的存在」「理性的存在者」である。またのちに明らかにされるように、「同一性」の見地に立つならば、実体の同一性と人格の同一性とは厳密に区別されねばならない。確かに

「人格的自己は実体から成立する」(II, 27, 11. p.190) のであるが、人格を構成する実体は変化することがあっても、人格そのもの、人格の同一性は何ら変化を受けないのである。

さて人格の同一性が実体の同一性ではなく、「意識の同一性」であることについては、ロックの人格の定義において明らかとなる。彼は「人格の同一性」の見出しの下に人格の定義を与えている、「思うに人格は思惟する知性的存在者 a thinking intelligent being であって、理性と反省を有し、それ自身をそれ自身として、すなわち相異なる時と場所において同一の思惟する存在者として考えうるものである。人格がこのことをなすのは思惟とは不可分の、そして私には思惟にとって本質的であると思われるような意識 consciousness によってのみである、何となれば自分の知覚の働きを同時に知覚することなしに、あるものを知覚することは何びとにとっても不可能であるからである。」「この点にのみ人格の同一性、すなわち理性的存在者の同一性が存するのであって、この意識が何らかの過去の行為、または思惟にまで溯って拡張されうるかぎり、そこまでその人格の同一性は到達するのである」(II, 27, 9. p.188)。

ここで明らかであるように、人格の本質的特徴は自己自身に関する意識であって、この意識は過去にまで広がって反省と結びついているというのがロックの思想の骨子である。現在の自己は過去のその時の自己と同一であり、その行為をなしたのは現在反省している「現在の自己」と同一の自己なのである。人格が実体の複合体から成り立つとしても、人格の同一性の意識は実体の変化と何らかかわるところがない。実体は意識を伴わないことはありえても、意識を伴わなくては人格はありえない。「どんな実体があろうとも、それがどんなに形作られていても、意識がなければ、どんな人格も存在しない。そしてどんな種類の実体も意識なくして人格であるとすれば、それと同じく死体も人格であるかもしれない」(II, 27, 23. p.196)。したがってロックにおいては「意識が人格の同一性を成す」ということが重要であった。ところで意識はあらゆる心理的作用を結合させることによって、「その意識が到達するかぎり、思惟する者のあらゆる行為をそれ自身に帰し、そしてそれ自身のものと認めるのである」(II, 27, 17. p.194)。ここでは同一性の意識が自己責任成立の根拠となっていると言ってよい。ロックにおいては人格の道徳的意義に関してはまだ充全なものは見いだされなかったが、自己意識の同一性の強調によって道徳性の領域も基礎づけられていく方向は指示されたと言ってよい。「この人格の同一性に報酬と刑罰のあらゆる権利と正義が基礎づけられている」と言われるゆえんである(II, 27, 18. p.195)。ここではまた人格概念が法的意味に解される方向がある。ロックは「人格」をもって「法廷用語 a forensic term」として次のように言う、「この語は行為とその功績に充てられる法廷用語であり、それゆえそれは法的能力のある知性的な行為者にのみ属している。……この人格性は意識によってのみ、それ自身現在の存在を超えて過去にまで広がり、この意識によって過去の行為に関係し、責任があるようになり、過去の行為を認め、自分自身に帰するのである、それはちょうどそれが現在行為するのと同じ根拠に基づき、同じ理由によるのと同じことである」(II, 27, 26. p.198)。このように人格の同一性の意識は過去から現在にまで一貫することによって、上に述べられたように、自己意識の同一性が責任能力を可能ならしめるのであり、ロックにおける人格概念はその本質的特徴を「意識」に見いだすという経験的心理学的立場に立って究明されていると言ってよい。この立場からしては人格概念は実践的・宗教的立場からする究明は十分なされるに至っていないが、特にわれわれはこうした立場からの究明はライプニッツに至ってなされることを既に知ったのである。特にロックがその人格概念解明に当たって、その成立の根本に「意識」を置いた点などを考慮するときには、われわれはカントがその人格概念の究明に当たって「意識」を重要視した点が何らかの形においてロックからの影響も存していると言っても過言ではあるまい。

第三節　ヒューム

ロックは純粋な経験論者としての立場にたって、生得的観念や抽象的概念を拒否したが、ヒューム（D. Hume, 1711-76）はわれわれの認識は「印象 impression」と「観念 idea」とから成ると言う。印象はまず第一にわれわれに与えられる直接的現実的な事実感覚であり、観念は印象のあとに記憶と想像によって表象として残るものである。ヒュームは言う、「あらゆる観念は印象から引き出され、そしてそれらの模写と再現にほかならないから、一方において真であることはすべて他方に関しても認められねばならない。」両者の相違点は「ただ強さと活溌さ strength and vivacity だけ」である。だから観念は「より弱い印象」である[13]（『人性論 A Treatise of Human

Nature』(1739-40))。ところで以上のようにわれわれの認識が印象と観念とから成るというヒューム認識論の前提に立つとき、われわれは「実体の観念」についてどのように考えたらよいのか。実体の問題は当面の課題である「人格」の問題と関係しているから、一応ヒュームにおける「実体」の観念について知る必要がある。

さて既にロックは、実体について諸性質の「未知の支え」であるとした。ヒュームは「実体の観念は単純な観念の集合にほかならない」「実体を形作る個々の諸性質は、通常は未知な何かあるものに帰せられる」と言う(ib., I, 1.6)。こうした諸性質を有する未知のあるものというのは想像力の「虚構」である。実体はさまざまな諸性質を担っており、しかもその性質はたえず変化していくが、それら諸性質を担った恒常不変なものは、実在性をもたない。精神的実体といっても、さまざまな多くの表象の集合にすぎず、この集合体の下に虚構された基体を想定しているにすぎない。だから「精神」とか「心」とか言っても諸性質の背後にある固定したものではないのである。ヒュームは言う、「いわゆる精神 mind というのはある関係によって結合され、そして完全な単純性と同一性を付与されたと誤って想定された種々の知覚の一つの固まり、あるいは集合にすぎないのである」と(I, 4.2)。ここでヒュームは従来「思惟する実体」と見なされてきた「精神」に付与された「完全な単純性と同一性」を否定することになる。彼の主旨は次のようである。すなわち、われわれが実体について語るときには、実体についての観念をもっていなければならない。ところが観念にはいずれもそれに先行する印象がなければならない。しかしわれわれは単純な個体的なあるものとしての実体の印象をもっていない。それゆえわれわれは実体の観念をもたないことになる。

ところで以上の「実体」の問題は「自己あるいは人格」の解明においていっそう明確にされる。『人性論』第一巻第四部第六節は「人格の同一性について Of personal identity」という標題を有する。これは既にわれわれの知ったロックの表現であるが、ロックが「意識は人格の同一性を成す」と語ったことに対して、ヒュームは言う、「いくらかの哲学者がいて、彼らは、われわれはあらゆる瞬間に、いわゆるわれわれの自己なるものを心の奥底から意識しているのだと思っている。すなわち、彼らは自己の存在とその存在の持続を感じ、そして自己の完全なる同一性と単純性について論証による明証性以上に確信している」と(I, 4.6)。ここでヒュームは自己意識、自己存在の持続、自己の同一性・単純性について語ることは、既に「精神」について言われたように、誤った想定であり、かつ経験に反することであるとする。

ともかくわれわれは自己あるいは人格に関してはいかなる観念をも有せず、観念が生じるためには、ある一つの印象がなければならない。「しかしながら自己あるいは人格はどんな一つの印象でもなくて、われわれのいくつかの印象や観念がそれに関係があると思われるようなものである」(ib.)。ところで「われわれの意識は個別的な知覚に関しているのであって、そのつど苦しみ、楽しみ、悲しみ、喜びなどは互いに継続して、けっしてすべてが同時に存在しない。」だから同一のままありうるような知覚はなく、自己を形作っているのは、すべての知覚の集合体というよりほかにない。だからヒュームは言う、すべて人間は「考えられえないほど素早く互いに継起し、たえず流動し、運動しているさまざまな知覚の束、あるいは集合にすぎない」(I, 4. 6) と。このようにわれわれの知覚表象は時間の推移の中で変動化し、完全な多様性をもっているから、同一性の観念は見いだし難いであろう。しかしながらそれらは中断し変化するにしても、実はそれらを否定して、「これら継続的知覚に同一性を帰し、われわれ自身われわれの全人生行路を通して不変の連続した存在を所有していると想定する大いなる傾向」(ib.) はヒュームによれば、「諸対象を結合し、それらの中断と変化とをさせないようにするある新しい、理解し難い原理をしばしばこしらえる」ことであり、このようにしてわれわれの感覚知覚の連続的な存在をこしらえて、「変化をごまかすために魂・自己・実体の概念にかけこむのである」(ib., f.)。こうしたヒュームの考え方によれば、伝統的に受け伝えられてきた「実体」概念は客観的実在性をもたない全く主観的概念であり、魂とか自己とかいう概念にも客観的実在は対応していない。既に明らかであるように、人間の自己というのは「知覚の束、あるいは集合」にすぎなかったから、知覚表象の複合体の下に「虚構」された基体を想定して、それを魂とか自己とか叫んでいるのである。魂が知覚の複合であるならば、知覚する身体運動がなくなれば、当然魂の存在もなくなり、いわゆる「魂の不死」は問題とならないのは当然である。

さてここからわれわれは「人格の同一性」の本質的説明に入ろう。まずヒュームは「われわれが人間の精神に帰する同一性は、虚構による同一性にすぎなく、われわれが植物や動物の身体に帰する同一性と同じ種類のものなのである」(I, 4. 6) と言う。すなわち、植物や動物もその成長の過程においては形状や実質において変化はあるにしても、依然として同一のものであることに変わりはないように、人間の精神も知覚の連続が同一性によって結合されていると考えるようなものである。しかしながら個々の知覚の連関を構成するのは同一性ではない。「同一性はこれら種々の知覚に実際に属し、それらを共に結合するものではなくして、知覚の観念が想像において結合することのために、われわれが知覚を反省してみるときに知覚に帰する一性質にすぎないのである」(ib.)。

ところで「想像において観念を結合させることのできる性質」としてヒュームは「類似・接近・因果性 resemblance, contiguity and causation」の三つの諸関係をあげるが、そのうち特に「類似」と「因果性」とが問題とされ、両者は「記憶」によって作りあげられるものである。記憶ほど知覚の継起に役立つものはないのである。だから過去の知覚像を呼び起こす機能こそ記憶なのである。過去の知覚の間にあって、類似する知覚が場所を占めると、「全体が一つの対象の連続のように見える」のである。「この点において記憶は同一性を発見するばかりでなく、知覚の間に類似の関係を生み出すことによって同一性を生み出すことに寄与するのである」(ib.)。

次に因果性について言えば、人間の精神の本当の観念はさまざまな知覚の一体系と見なされ、原因と結果とによって密接に関連づけられている。われわれの印象はそれに応じた観念を生じさせ、これら観念はまた他の印象を生む。「同じ人格はその同一性を失うことなく彼の印象や観念ばかりでなく、彼の性格や気質を変えるかもしれない。彼がどんな変化を受けるにしても、彼の各部分はなおも因果関係によって結合されているのである」(ib.)。たといひとりの人が彼の性格や気質を変えるにしても、彼の人格の同一性は失われることはないのであるが、こうした同一性の源泉としてヒュームは「記憶」をあげたことは前述のとおりである。「われわれは記憶をもたなかったならば、けっしてどんな因果関係の概念も、したがってわれわれの自己あるいは人格を構成するような原因と結果との連鎖の概念ももたないであろう」(ib.)。このようにヒュームは人格の同一性の成立のためには記憶という源泉を重視した。記憶をもつことによってわれわれは人格を構成する原因と結果との連鎖に考え及ぶことになる。この原因と結果との連鎖に従ってわれわれは人格の同一性を要請することができる。すなわち「ひとたび記憶からの因果性のこの概念を獲得したならば、われわれは同じ原因の連鎖を、そしてその結果われわれの人格の同一性をわれわれの記憶を超えて拡張することができるのである」(ib.)。われわれは記憶をもつことによって、因果関係を考えつくことができるが、この因果関係に考え及べば、記憶の届く範囲を超え出て「われわれは、われわれが全く忘れ去ってしまったが、一般に存在したと想像している時期や状況や行動までも理解することができるのである」(ib.)。したがってわれわれの全く忘れてしまった過去があるにしても、「現在の自己はその時の自己と同一人格である」(ib.)。要するに人格の同一性の「源泉」を「記憶」に見いだしたヒュームは、原因と結果との連鎖に言及して、記憶の届く範囲を超えて、人格の同一性を発見していくのである。

第七章　ドイツ啓蒙哲学におけるペルソナ概念の解明

第一節　ヴォルフ

ドイツ啓蒙の哲学者としては、われわれはヴォルフ、バウムガルテンに注目しなければならないが、まず有名なヴォルフ（Chr. Wolff, 1679-1754）はロック、ライプニッツの指示した人格概念の心理学的要素を取りあげ、形而上学的契機との綜合に相応して合理論の学的体系の内で人格概念を究明したと思われる。すなわち、人格性は合理的心理学psychologia rationalisの一概念である。したがってペルソナ概念には心理学的要素が存する。だからヴォルフにとっては、ペルソナの特性はまず「数的同一性の意識」という心理学的把握に基づいていた。「人格とは自己の記憶を保持する存在者を言う、すなわち以前にあれこれの状態にあったものと同一の存在者であると記憶している存在者を言うのである。さらにまた道徳的個体individuum moraleと呼ばれるのである。(1)」また別の箇所においても、ヴォルフは「人格」についてほぼ同じ定義を下している。「以前にあれこれの状態にあったまさしくそのものであるという自覚をもっているものが、いわゆる今や人格と言われるのだから、動物は実際人格ではない。これに反して人間は以前にあれこれの状態にあったまさしくそのものであるという自覚をもっているから、人間は人格である」[2]。ここでヴォルフは人間と動物との相違を自己の数的同一性の自覚の有無に見いだしていると言ってよい。「自己の記憶の保持」、すなわち「同一の存在者であるとの記憶」が人間人格の成立の基体であるとするときには、われわれはロックやライプニッツにおける「人格の同一性」の強調が想起されねばならない。すなわち、既に知ったようにロックは人格の定義において、人格とは「相異なる時と場所において同一の思惟する存在者」であるとし、この同一性の基づくところを「意識」に求めたことが想起される。「意識が何らかの過去の行為または思惟にまで溯って拡張されうるかぎり、そこまでその人格の同一性は到達するのである」（本書一八五ページ参照）。ヴォルフが人格存在をもって「同一の存在者であると記憶している存在者」という点に人格の特性を見いだしたことは既にライプニッツが「人格の同一性」をもって「道徳の同一性」と同一視したことと関連を有しており、だからこそ人格は「道徳的個体」と呼ばれたのである。

ところでヴォルフはドイツ語で書かれた主な著作の標題を啓蒙の思想家にふさわしく「合理的思考 vernünftige Gedanken」というタイトルを付している。彼は悟性能力の正しい使用、人間の一切の行動の合理的思考、人間の自由、人間の幸福の促進などを問題とし、広く世界に向かってそれらを展開したのである。したがって「人格」をもって合理的心理学の一概念とするときにも、人格概念の合理的性格は保持されている。既に引用された箇所においてヴォルフは人間と動物との相違を自己の数的同一性の自覚の有無に見いだしていたが、それに先立って次のように言う、「動物の魂は悟性をもたず、したがって普遍的認識をもたない。だからそれは自己の以前の状態を思い出すことができない。それゆえに動物の魂は、自分が以前にあれこれの状態にあったまさしく同一のものであるということを自覚していない」[3]。ここで自己の同一性の意識をもたない動物は普遍的認識能力としての「悟性」の能力を有せず、人間人格のみに悟性の使用を認めることになる。こうした普遍的認識能力としての悟性の正しい使用は啓蒙にとって重要な課題であるが、のちにカントが「あえて賢明であれ！　汝自身の悟性を使用する勇気をもて！　これが啓蒙の標語である」と語ったほどである[4]。さらに他方悟性と並んで道徳的認識としての「理性」の使用が強調されている。

さて道徳的認識としては理性による善悪の認識が強調される。しかもわれわれの行為の善悪を判定するためには「事物の連関を洞察すること」が必要である。したがってヴォルフは「事物の連関を洞察するのは理性であるから、善悪は理性によって認識される」と言う[5]。それゆえ理性こそはわれわれが何をなすべきかを教えるものであって、「理性が自然法則の教師である。」ここには啓蒙思想の理性主義が現われてくる。人間のあるべき姿は「理性的人間」であり、こうした人間は自己の理性によってそれ自身法則であって、理性の自律という思想がここにみられる。「理性的人間は自己の理性を介して、自己自身にとって法則である」[6]。結局自然の法則はわれわれの本性である理性的本性の法則である。ヴォルフにおいて悟性と理性とは同一の能力とみなされるが、厳密に考察されれば、悟性は理論的認識、理性は実践的認識にかかわる能力と言ってよいであろう。それはのちにカントによって踏襲され深められていくのである。

以上の点よりすればヴォルフの人格概念の把握には二つの観点が指摘されることになる。すなわち、自己の「数的同一性の意識」という心理学的観点と、他方においては中性のスコラ哲学以来のペルソナをもって理性（悟性）を付与された個的実体とする概念規定に基づく合理論的把握の観点である。この二つの観点はカントに至る人格概念の発展過程を形作っているのである。ある意味においてはカントの倫理学の発展にとって、ヴォルフ学派の倫理的思想が母胎となっていたことは、彼の先批判期の著作を読めば、われわれのじゅうぶん知りうることである。

第二節　バウムガルテン

啓蒙の哲学者バウムガルテン（A. Baumgarten, 1714-62）も、ヴォルフと同じく、人間に具わる独自の能力として、悟性・理性などをあげ、それらの定義・概念規定を与えるとともに、それらを有する人間のあり方としてペルソナ（人格）概念に論及している。特に彼の『形而上学』（一七三九年）はのちにカントがその講義の基礎に置いたものである。因みにカント自身が利用したのは、一七五七年刊の第四版であると言われる。さらに言えば、バウムガルテンの『形而上学』は主として「存在論・宇宙論・心理学及び神学」の四部門から成っているが、こうした形而上学の枠組はのちにカントにおいてもそのまま踏襲されている。

ところでバウムガルテンは『形而上学』第三部「心理学」においても認識能力としての「悟性 intellectus」に論及し、特に「理性 ratio」の能力との関連にも言及している。特に第三部第一章「経験的心理学 psychologia empirica」においては「悟性」について「上位の認識能力 facultas cognoscitiva superior」であると規定されているが、それは悟性が「明晰判明に認識する能力」であるからである(7)(§624, XV, S.34)。これに対して同じく悟性の能力であるが、「私は事物の連関を吟味する悟性を有する habeo intellectum nexum rerum perspicientam」と言われる場合の「悟性」は「すなわち理性 ratio」と換言されている(§640, XV, S.37)。ここで事物の連関を吟味するという場合には、事物の同一性と差異性が区別されねばならない。それゆえ「理性」は「事物の同一性を認識する能力、事物の差異性を認識する能力、すなわち区別する能力 facultas diiudicandi である」と言われる(ib.)。ここでは既にヴォルフにおいて知ったように、「事物の連関を洞察するのは理性である」(前節参照)という理性の概念規定が生かされている。さらにバウムガルテンはこの能力を知的な「天性とか英知 ingenium et acumen」と呼ぶとともに、それはまた人間の特性としての「人格性 personalitas」と換言される。したがって主体的には理性的存在者である人間には、能力として悟性・理性さらには人格性が備わっていることになる。

さてバウムガルテンは同じく同書『形而上学』第三部第二章「合理的心理学 psychologia rationalis」(§§740-799)においては、ヴォルフ以来の合理主義的人間観の影響を多分に受け、その内容はドイツ啓蒙の哲学者に共通のものであると言ってよい。特に伝統的に合理的心理学は、「人間の魂 anima humana」について、その本質的特徴として「実体性 substantialitas」「非物質性 immaterialitas」「肉体との相互性 commercium cum corpore」「自由性 libertas」及び「不死性 immortalitas」を掲げ、それらを主要な研究対象とする。これらそれぞれの特徴については「合理的心理学」を構成する六つの節のうち第一節「人間の魂の本性 natura animae humanae」と第四節「人間の魂の不死性 immortalitas animae humanae」及び第五節「死後の状態 status post mortem」が参考となる。

　さて人間の魂は伝統的に「実体」であり、実体の構成要素を「力 la force」に求めたのはライプニッツである。バウムガルテンにおいても実体は「モナド、精神」であるが、それは「力 vis」であり、「自己の身体の表現力 vis repraesentativa corporis sui」である（§741, XVII, S.141）。ここには「非質料的にして非身体的な immaterialis et incorporea」要素のみが存するがゆえに、それに関連した抽象的徴表が現われる、バウムガルテンは言う、「人間の魂は精神である。それゆえ自由性を有する。いかなるときにも、それは精神性・叡知性・人格性 spiritualitas, intellectualitas, personalitas を有する」と（§756, XVII, S.144）。しかし人間の魂がそれ自身いかに非身体的であると言っても、「人間の魂は人間の身体と最も密接に交流している魂である。……人間の魂は最も密接に交流している身体とともに人間と言われる動物を作りあげている」（§740, XVII, S.140）。このような魂と身体との複合体としての人間把握は中世以来の伝統的な人間把握であるが、近世においては既にデカルトにおいてみられたように、「精神は身体とある一つのものを構成しているようにどんなにか密接に結合されている」のである（第五章 デカルト一三一ページ参照）。ともかく「人間は魂と有限的な身体とから成り立っている」（§747, XVII, S.142）が、魂の側から言えば、それは身体に作用し、働きかける実行力である。「魂は活動し、そして自己の身体の実行力である」（§741, XVII, S.141）。ここには実体の構成要素を力 la force に求めたライプニッツの実体把握がみられるのである。

さてデカルトは精神にのみ属する観念として「思惟 cogitatio, pensée」をあげたが、この伝統はバウムガルテンにも生きている。「思惟する質料はこの世においては不可能である。思惟しうるものはすべて実体であり、モナドである。……すべて魂は実体であり、モナドである。認識しうるものはすべて思惟しうる。それゆえ認識しうるものはすべて実体・モナド・精神である」（§742, ib.）。ここで明らかであるように、思惟するも認識するもすべて主体は、実体・モナド・精神である。『形而上学』第二部「宇宙論 cosmologia」においてバウムガルテンは「自己の世界を明晰に表現するモナド」は「判明に認識する能力 facultas distincte cognoscendi、すなわち（厳密に言えば）悟性 intellectus を有する」と言う。さらにそれに続いて、こうした悟性を有するモナドは「悟性を付与された実体 substantia intellectualis」であり、それはまた別の表現では「精神」とかまた「ペルソナ」とか言われている（§402, XVII, S.111）。したがってわれわれはここでは「悟性を付与された実体」を「ペルソナ」と換言してもよいことになる。悟性を付与された実体をもって叡知としてのペルソナとする見解もまた伝統的スコラ的見解である。ところでバウムガルテンはすべて「精神」について、「道徳的人格は神秘的な身体である persona moralis est corpus mysticum」と言う（§742, XVII, S.141）[8]。ここで「神秘的な身体」とは単なる肉体ではない。「人間の身体は質料である。そのため分かちうるが、のみならず有限的存在である」（§741, ib.）。しかしそれは単なる感覚的存在としての身体ではなく、道徳性を実現する主体としてみれば神秘的と言ってもよい。われわれはのちになってカントの次の言葉をあげることができる。「道徳的世界の理念は客観的実在性を有するが、しかし叡知的直観の対象にかかわるというのではなくして、感性界にかかわる、と言っても実践的使用における純粋理性の対象としての感性界にかかわる、そして道徳的世界の理念は感性界における理性的存在者の神秘的身体 corpus mysticum である」[9]。理性的存在者としての人間が道徳的世界にかかわるときには、彼は単なる身体的感性的存在ではなくして、神秘的な身体と言ってよいであろう。

次に「合理的心理学」の第四節は「人間の魂の不死性」を取扱う。ところで人間の本性はしばしば言われているように、魂と身体とが最も緊密に交流している複合体である。しかも「魂と身体との調和的な諸変化」は最も緊密に交流し、そうした交流の上に動物は生存しているのであるが、しかしこうした「魂と身体とのすべての調和的活動の中止は……動物の死 mors animalis である」（§777, XVII, S.150）。ここでバウムガルテンは「身体の死はやはり動物の死であり、人間の身体の死は人間の死である」（ib.）と言い、身体の死によって魂との交互作用が絶滅することを強調するが、他方では魂は身体の死と共に絶滅することなく、いわゆる魂の不死の思想が現われる。「この世のどんな実体も絶滅させられることはない。それゆえ人間の魂は、この世で人間のもっている死すべき身体よりも残存して死なずに生きる vivit immortaliter」と言われる（§781, XVII, S.151）。ここでは「魂の不死 immortalitas animae」が考えられているが、さらに「合理的心理学」第五節は「死後の状態 status post mortem」について論及する。

さてバウムガルテンは「死後の人間の魂は……精神性・自由性・人格性を保持する」（§782, XVII, S.151）と言う。したがって複合体を構成する精神的部分、すなわち「人間の魂」の部分は「人格性」として不死である。しかもここでは「不死」は「自己の知的記憶 memoria sui intellectualis」と換言されている。また「合理的心理学」に先立つ「経験的心理学」においてバウムガルテンは「知的記憶は、あるいは人格性である」と言う（§641, XV, S.38）。だから不死は人格性の保持ということであり、人格性は過去の生命状態への明瞭な想起として解明されたわけである。「死後の知的な人間の魂は、現世の自己の状態が判明に想起されるようにただ人格性をあらわにするものである」（§783, XVII, S.152）。

以上のようにバウムガルテンにおいては、「人間の魂はこの世で有する身体の死後持続する」（§785, XVII, S.153）という見解の下にライプニッツと同様に、不死は人格性の保持とされ、「知的記憶」とされた。こうした記憶の保持という見解もヴォルフの次の言葉を想起させる。「人格とは自己の記憶を保持する、すなわち以前にあれこれの状態にあったものと同一物であると記憶している存在者を言うのである」(前節参照)。いずれにしてもバウムガルテンにおいて顕著なことは、人格性が不死との関連において取りあげられ、「理性」とか「悟性」とかの能力とも同一視されたことであり、そしてこうした能力を付与された担い手としての実体・モナド・精神を叡知としてのペルソナと同一視する見解は中世スコラ哲学以来の伝統の上に立っているとわれわれは言うことができるのである。

注

第一章　古代ローマにおけるペルソナ概念の形成

（1）田中秀央編『羅和辞典』研究社刊、一九九二年、第二五刷。

（2）H.Rheinfelder, Das Wort „PERSONA", Halle 1928, S.6.

（3）A. Gellius, Noctes Atticae, V. 7.

（4）A.Trendelenburg, Zur Geschichte des Wortes Person, Kant-St. XIII, S.4.

（5）Thomas Aquinas, Summa Theologiae, I, qu 29, ar 3. 本書第三章第四節注一九参照。

（6）Historisches Wörterbuch der Philosophie, hrsg. v. J. Ritter u. K. Gründer, Basel 1989, S.271.

（7）以下は次の書からの引用であって、独訳をそのまま記した。A. Trendelenburg, ib., S.7.

（8）L. A. Seneca, Epistolae, 120, 22. Vgl. W.Schmidt, Der Begriff der Persönlichkeit bei Kant, 1911, S.4.

（9）恒藤恭『法的人格者の理論』世界思想社刊、昭二四年、一五ページ。

（10）J.Gaius, Institut. §8, 9. Vgl. A. Trendelenburg, ib., S.10.

（11）A.Trendelenburg, ib., S.15.

（12）M.T.Varro, De lingua latina, VIII, 20. Vgl. 注（6）S.272.

第二章　キリスト教及びその伝統におけるペルソナ概念

（1）Novum Testamentum. Graece et Latine, hrsg. v. E. Nestle.16 Aufl. Stuttgart 1954.

（2）Historisches Wörterbuch der Philosophie, hrsg. v. J. Ritter und K. Gründer, Basel 1989, S.275.

（3）ib. また A.Trendelenburg, Zur Geschichte des Wortes Person. Kant-St., XIII, S.6.

（4）この書の著作年代は二一三年ごろと推定される。その内容はプラクセアス派の異端に対して論駁するものであるが、われわれはテルトゥリアヌスの「ペルソナ」論について見解を述べるにすぎない。本書の引用原典は「ラテン教父全集」(Patrologiae cursus completus, Tom. 2, 1844）による。以下この書からの引用は章（Caput）のみを記す。C. は Caput の略号である。この書の全体は三一章から成る。

（5）ここで使用されているラテン語表現の適訳を見つけることはかなり困難であるが、それぞれの語の意味の検討については『キリスト教教父著作集、第十三巻、テルトゥリアヌス』(教文館、一九八七年）の訳者注を参照。

（6）このことに関しての詳細な記述については、次の書を参照。H.Rheinfelder, Das Wort „PERSONA“, Halle 1928, S.161ff.

（7）Vgl. Historisches Wörterbuch der Philosophie, S.280A.

（8）この書は四一九年に成立。一五巻から成る。本書の引用原典はミーヌ版全集（Opera Omnia, VIII 1841）による。引用は巻数と章を記す。V.2 とあるは第五巻第二章を表わす。

（9）Augustinus, Sermo, 232, ib., V. 1841.

（10）Tertullianus, Adversus Praxean, C. 8.

（11）Historisches Wörterbuch der Philosophie, S.278.

（12）この書の引用原典は『ラテン教父全集』(Migne, Patrolog. Lat., Tom. 64, Paris 1847) による。引用は章（Caput）のみ記す。なお訳文については The Loeb classical Library, vol. 74. Boethius. The Theological Tractates, 1953. をも参照した。

（13）Thomas Aquinas, De ente et essentia, in „Opuscula Philosophica“, Marietti Romae 1954, Caput 1.

（14）この訳語については、アリストテレス『形而上学　上』(出隆訳) 岩波文庫、三二〇ページ参照。

（15）Thomas Aquinas, ib.

第三章　中世スコラ哲学におけるペルソナ概念の解明

（1）この書の引用原典は『ラテン教父全集』(Migne, Patrolog. Lat., Tom.196 Paris 1853) による。引用は章（Caput）のみ記す。

（2）ここでリカルドゥスが existentia という語をもち出したことに注目すべきである。この語は現代においても哲学用語として定着しているが、彼のこの造語は神の三一性の問題解明に用いられたのであって、彼のこの語の言語学的解明にわれわれは関心を抱くわけであり、この語を「存在者」「存在」と訳す場合はあるにしても（例えば「理性的存在者 existentia rationalis」)、ここでは適当な訳語は見いだされないから、原語をそのまま使用することにする。

（3）Godescalcus de Orbais, Opusculum de rebus grammaticis I, 33. Vgl. Historisches Wörterbuch der Philosophie, hrsg. v. J. Ritter u. K. Gründer, Basel 1989, S.283.

（4）Alexander, Glossa 1, 23, 9 a.b. Vgl. Historisches Wörterbuch der Philosophie, S.288.

（5）suppositum は sub（下に）ponere（置く）が語源であるから、「下に置かれたもの」である。「本性 natura」に対して、その本性を有する「主体」を意味する。だから神的本性を有する個的実体であるペルソナについて suppositum という語が用いられた。しかし混同され易い言葉として subiectum があるが、この語と suppositum との意味の相違については『トマス・アクィナス』（世界の名著、続五、中央公論社、昭和五〇年）一五一ページ参照。ともかく適切な訳語が見いだされないが、「個体」と訳す人もある。

（6）ボナヴェントゥラからの引用は『命題論集注解』（Commentaria in quatuor Libros Sententiarum, Tom. I-II, Quaracchi 1882-87）による。引用個所は巻数とページ数を記す。

（7）カントが『道徳の形而上学の基礎づけ』の序文において、古代のギリシア哲学が学問を自然学と倫理学と論理学との三つの区分に分けたことは事柄の本性に完全に適合しているとしているが、カントの念頭にあったのは確かにストア哲学であったろうが、今ここにわれわれはアレクサンダーにおいて学の三区分及びペルソナの道徳的規定を明らかに知りうるのである。

（8）Alexander, Glossa 1, 25, 4.

（9）Historisches Wörterbuch der Philosophie, S.288.

（10）（11）Alexander, ib., 3, 6, 38 ; 3, 5, 20.

（12）Summa theologiae, Opera omn. Vol.31 (Paris, vivès 1895) 以下この書からの引用は Tract. X, Quaestio 44, Membrum（章）I,II であるが、MI,II と略し、ページ数を付加する。

（13）ダマスケヌスは東方教会の偉大な神学者にして、キリスト教の重要な教義について総合的に説明したと言われ、特に『正統信仰論』（原文ギリシア語）は重要である。トマスの『神学大全』においてもかなり多く引用されている。

（14）ディオニシウスは五〇〇年頃、シリアに生きていた人であろうと推定される。彼の著作『神名論』（Div. Nom. 原文ギリシア語）は有名である。この著作が中世思想に及ぼした影響は甚大であると言われている。トマスも彼の『神学大全』においてこの書からかなり引用しているし、またこの書の「注解」を書いている。

（15）ヒラリウスはキリスト教が公認された以後の西方の有力な神学者である。彼はアリウス（Arius, ca. 260-ca. 336）異端派の排撃に努め、正統派を弁護した。著書『三位一体論』（De Trinitate. 十二巻）は有名である。

（16）III Sententia. 6. 2. Opera omn. Vol. 28.

（17）このことについては既にわれわれは本書の第一章において、ボエティウスの『二つの本性について』の書、更にそれを引用したトマスの『神学大全』から知ることができた（本書九ページ参照）。

（18）Quaestio Disputata de Potentia, qu 9, ar 3. Opera omn. 3, Frommann-Holzboog, Stuttgart-Bad Cannstatt, 1980. p.254. 以下本書からの引用はQDPと略記する。なおトマスからの引用はすべて上記全集による。

（19）Summa Theologiae, I, qu 29, ar 3. Opera omn. 2, p.231. 以下本書からの引用はSTと略記する。トマスにおける理性と知性〔悟性〕との能力の区別についてはST, I, qu 79, ar 8. 参照。拙著『愛の価値論的考察』（以文社刊、昭和五十七年）一八三ページ以下参照。

（20）トマスはペルソナの尊厳（優位）について先覚者の見解を知っていたが、ここでの尊厳にかかわる定義を下した一人としては、われわれが既に考察したアレクサンダーの定義があげられよう（本書六一ページ参照）。

（21）II Sententia, ds.6, qu 1, ar 1a. Opera omn. 1, p.284.

（22）subiectum, suppositum の訳語については既に述べられた。上記注（5）参照。

（23）アヴィンセンナはアラビア哲学の理性論的傾向を代表する哲学者。その思想はアリストテレス的であったが、新プラトン哲学的先入見に立った。その形而上学においては、一切の存在を神の唯一の直接の産物である理性によって制約されたものと見なし、この原因よりする世界発展の過程は流出であるとした。

（24）ポレのジルベールはポワチエに生まれ、同地の司教。彼は神と神性、ペルソナと関係とを実在的に区別されたものとなし、異端の嫌疑を受けたと言われる。

（25）トマスにおける関係論については、それが実在的関係論であるかについては問題が存する。実在的関係という場合には、本質の外なる関係であると考えられるであろうが、しかしその関係が本質の内部の関係と言われるのだから、超越論的関係の問題が明確にされる必要がある。しかし「トマスの関係論は彼の哲学の最も困難な部分の一つであって、トマスが実際に実在的関係、超越論的関係、そして理性的関係などの区別をしたかどうかという問題は容易には答えられない」と言われるが、少なくともトマスにおいて超越論的関係論が既に存していたと思われる（Vgl. G. Martin, Immanuel Kant, Köln 1951, S.129）。

（26）拙著『カント倫理学の基礎』（以文社刊、平成三年）一六〇、一六二ページ参照。

（27）Aristoteles, Physica, Lib., 2, Cap.1, n 10.

（28）I Sententia. Distinctio 25. Opera omn. Tom. 10, Paris 1893. p.227. 以下の引用はすべて上記全集による。『命題論集』(Sententia) からの引用は「区分」(Distinctio) を含めて、I Sent., D25 のように記す。なお I Sent., D2 は Tom. 8, 1893. III Sent., D1 は Tom. 14, 1894. 他の著作の引用はそのつど文中に明記する。

（29）ヒエロニムスははじめローマにあって古典文学を学んだが、のちに東方神学に引かれ聖書研究に没頭した。晩年パレスティナの修道院において禁欲的生活を営み余生を送った。特に長年月かけて旧約・新約聖書を原語より訳していわゆるラテン訳（ヴルガタ訳）の基礎を作った。

（30）今ここではその問題に深入りする箇所ではないが、例えばカントは「悟性と意志とによって自然の原因（したがって創造者）である存在者は、すなわち神である」(K. d.p.V., KGS, Bd.5, S.125) と言い、さらに彼における根源的な「神的悟性」と比量的な「人間悟性」との対立は彼の理論哲学以来強調されてきた対立である。また「神は意志である」という神の第二の根本規定は、スコトゥスにおいて知られるように、キリスト教神学において初めて現われてきたのであるが、カントにおいては「純粋意志」と「経験的意志」との対立として問題とされていくのである。Vgl. G. Martin, ib., S.186ff.

（31）Vgl. Historisches Wörterbuch der Philosophie, S.295. スコトゥスはトマスの立場をしっかり保持して、それを更に拡張させたとも言われている。Vgl. G. Martin, ib., S.130.

第四章　宗教改革における信仰とペルソナの問題

（1）以下ルターからの引用文献はすべて Weimarer Ausgabe（WA）による。文献名と全集巻数およびページ数は文中に記す。なお以下ルターの著作引用の上で参考となるのは次の辞典である。そこに掲げられた参考文献によってわれわれは裨益されるところ大である。Vgl, Historisches Wörterbuch der Philosophie, hrsg. v. J. Ritter u. K.Gründer, Basel 1989.

（2）以下聖書からの引用は Novum Testamentum. Graece et Latine, hrsg. v. E. Nestle.16 Aufl., Stuttgart 1954. による。

（3）ルターの宗教を、その宗教一般に固有な神秘的要素から純化してその哲学的実質を問題とするとき、解答を与えるのはカントであると言われる（金子武蔵『近代精神史研究』以文社刊、一九八六年、二六八ページ以下参照）。確かに神学的倫理学と哲学的倫理学との対立は存するのではあるが、ここではルターと心情倫理学の立場に立つカントとの思想的一致点をあげておく。「道徳的善は人格それ自身のうちに既に現在しているのであって、それはしかし一番最初に結果から期待されてはならないのである」(Grundl. z. M. d. S. Ak.-Ausg. IV, S.401)。結果を顧慮せず人格の内面性に道徳性を求める見解はルターと共通する点であるが、カントの次の有名な表現も参考になる。「目に見える行為が問題なのではなく、見えない行為の内的原理が問題なのである」(ib., S.407)。ここではルター同様、カントも外的結果・行為には注意を払わず、行為以前の内面性に注目している。したがってルターの神学的倫理学が宗教的信仰の感情から要求したものをカントは理性の光の下に哲学的倫理学として発展させたのである。

（4）「誰でも新しく生まれなければ（ἐὰν μή τις γεννηθῇ ἄνωθεν. nisi quis renatus fuerit denuo.）」の文は、ルターの『説教集一五二二年』では「別の仕方で生まれない人はWer nitt anderweyt gepornn wirt」と訳されている。

（5）ルターのプロテスタンティズムにおいては、「悔恨」が「罪の意識の恐怖」として捉えられていて、その積極的意義は誤解されているということについては、M. Scheler, Reue u. Wiedergeburt, in : Vom Ewigen im Menschen. Ges. Werke, Bd.5, Bern 1954, S.42. 拙訳『シェーラー、人間における永遠なるものの上』(白水社刊、一九八二年）六五ページ参照。

（6）Aristoteles, Ethica Nicomachea, II, 1103b.

（7）（8）Vgl. B. Bauch, Luther und Kant, Berlin 1904, S.70f.,S.65.

（9）拙著『愛の価値論的考察』(以文社刊、一九八二年）一一三ページ参照。

第五章　近世合理論哲学におけるペルソナ概念の解明

（1）E. Husserl, Cartesianische Meditationen und Pariser Vorträge. Husserliana, Bd.I, Haag 1963, §10.

（2）デカルト著作の引用は、主としてŒuvres de Descartes, publiées par C. Adam et P. Tennery, Paris 1897-1913. による。引用箇所は巻数とページ数を示すが、特に『省察』は著作集に明示されているように、初版本のページ数を記すことにした。また時としてデカルト自身が訂正加筆した仏訳本を参照した。Œuvres de Descartes, Tom. I, II, Paris, Joseph Gilbert, 1950.

（3）ラテン語原本においてmens（精神）とある場合、デカルト自身が訂正加筆した仏訳本（リュイヌ公duc de Luynesによる）ではâme, animaが使われることが多いが、われわれはラテン語原本に従って「精神」と訳すことにした。デカルトは上記仏訳本において「人間の精神l'espritあるいは魂l'âmeについて私は少しもそれらを区別しない」と言う。

（4）この「論駁と答弁」はクレルスリエClaud Clerselierによって仏語訳され、しかもデカルト自身の訂正加筆を受けて一六四七年に公にされた。ここではわれわれはその訳によった。上記仏語訳本のTom. II, p.225-234. 参照。

（5）Cogitata Metaphysica, II. Cap.8. Opera, (hrsg. v. C. Gebhardt, Heidelberg 1924.) I, p.264.『エティカEthica』(1677)からの引用は邦語によってその箇所を示す。

（6）安倍能成『スピノザ倫理学』（岩波書店刊、昭和十年）六三ページ。

（7）（8）（9）F. W. J. Schelling, Das Wesen der menschlichen Freiheit, 1809. S.W. hrsg. v. K. F. A.

Schelling, Bd.VII, S.341 ; S.340 ; S.358.

(10)「エンテレケイア entéléchie, entelecheia」はアリストテレスに由来する語であるが、目的実現の力、活動性である。ライプニッツは『人間悟性新論 Nouveaux essais sur l'entendement humain.』(1704)においてエンテレケイアは「元初的作用力」であり、また「エンテレケイア、すなわち元初的、あるいは実体的な傾向が表象を伴う場合には魂である」と言う(II, Chap.21.)。

(11)ライプニッツの著作の引用は、主として Die philosophischen Schriften, hrsg. v. C. J. Gerhardt, Berlin 1875-1890. による。引用箇所は巻数とページ数を示す。章節の明示されているものは巻数と章節を示す。ここでの『新説』は IV, 478-483 参照。

(12)デカルトにおいては l'âme と l'esprit との概念的区別は存しなかったので、われわれはラテン語原本の mens に従い、l'âme を「精神」と訳したが、ライプニッツの場合、l'âme は le corp と対立して用いられ、その点ではスコラ哲学の伝統に従っている。しかし l'âme は広義における「精神」であって既述の「実体的形相」さらにはのちの『モナドロジー』における「モナド」と同じものを言う。しかしこれに対して狭義の「精神 l'esprit」が考えられるが、これは「理性的精神 l'âme raisonnable」とも言われる。したがってわれわれはスコラ哲学の場合と同様に l'âme については「魂」という訳語を使用する。

(13)「表出する exprimer」「表出 l'expression」は「表現する représenter」と並べてしばしば同じ意味で用いられる。「各実体は宇宙全体を表現している」(『新説、草稿』IV, 484)。「魂は宇宙全体を表現する」(Monadologie, VI,§62)。またライプニッツはアルノー宛の書簡(一六八七年九月)において「あるものが他のものを表出するというのは両者について言えることがらの間に恒常的法則関係が存している場合であります」と言う(II, 112)。のちには「表出」という表現が「表象 perception」の意味にも解せられる。

（14）Thomas Aquinas, Summa Theol., I, Q 29, ar.1.

（15）ここで「意識的知覚」と訳した原語は le sentiment である。この語は『モナドロジー』にも表われるが（§19）、ブヒェナウは die bewusste Wahrnehmung（意識的知覚）と独訳している（Philos. Bibl. Bd.253, F. Meiner 1956, S.35）。ライプニッツは『自然及び恩恵の原理』において le sentiment を「すなわち、記憶を伴った表象」と換言している（VI, §4）。

（16）カントの著作の引用は Akademie-Ausgabe による、巻数とページ数を示す。『純粋理性批判 Kritik der reinen Vernunft』は再版 B で表わす。

（17）カントにおける「最高善」の問題については、拙著『カント倫理学の基礎』（一九九一年、以文社刊）第六章「最高善」を参照。

第六章　近世経験論哲学におけるペルソナ概念の解明

（1）Th. Hobbes, Leviathan, 1651. English works, London 1839, vol. III, 1. 16, pp.147-148. 以下この書からの引用はページ数のみ記す。

（2）Th. Hobbes, De homine, 1658. Opera lat., London 1839-45, vol. II, 15, 1. p.130

（3）An answer to Bishop Bramhall, 1682. English works, London 1840, vol. IV, pp.310-311. また Leviathan, p.148.

（4）Th. Hobbes, De cive, 1642. Opera lat. Vol. II, 5, 7. p.214. 以下この書からの引用はページ数のみ記す。

（5）アタナシウス（Athanasius, ca. 296-373）はアレクサンドリア司教。ニカイア会議（三二五年）の決定を擁護した。「アタナシウス信条 symbolum Athanasii」と言われるものは三位一体説とキリスト教信仰を結びつけていると言われるが、その起源は明らかではない。ローマ教会がペルソナという語を使用するに至った経緯などについては、Th. Hobbes, An historical narration concerning Heresy. English works, vol. IV. pp.400-402. London 1840.

（6）この言葉は後世の写本にだけあると言われているが、ラテン語のテキストに広まった後の補遺と思われる。

（7）『人間悟性論』からの引用は次の書による。An Essay concerning Human Understanding, by J. Locke, Abridged and Edited by A. S. Pringle-Pattison, Oxford 1924. ローマ数字は巻（Book）、次の数字は章、節（chapter, section）を表わす。本文中書名を『悟性論』と略記する。

（8）I. Kant, r.V., Vorrede z. ersten Aufl.

（9）ここで「悟性」と訳した語は understanding（独 Verstand、仏 entendement）であるが、この語は人間の知性の全範囲を含む意味に使用されている。したがってカント哲学で使用される意味よりも広い意味に使用されている。

（10）A. S. Pringle-Pattison, Editor's Introduction of the Essay. p.XXX. また本文中の編集者による脚注参照（p.42）。

（11）I. Kant, ib., B. 1.

（12）A. S. Pringle-Pattison, ib., p.XXXII.

（13）『人性論』からの引用は次の書による。A Treatise of Human Nature, Edited by E. C. Mossner. Penguin Books, 1969. ローマ数字は巻（book）、次の数字は部、節（part, section）を表わす。ここでの引

用は、I, 1. 7. である。

第七章　ドイツ啓蒙哲学におけるペルソナ概念の解明

（1）Chr. Wolff, Psychologia rationalis, Veronae 1737. §741, S.373.

（2）do., Vernünftige Gedanken von Gott, der Welt und der Seele des Menschen,8 Aufl., Halle 1741. §924, S.570.

（3）do., ib., §923, S.570.

（4）I. Kant, Was ist Aufklärung ? 1784. VIII, S.35.

（5）Chr. Wolff, Vernünftige Gedanken von der Menschen Tun und Lassen zur Beförderung ihrer Glückseligkeit, 1720.7 Aufl. 1743. §23, S.18.

（6）do., ib., §24, S.18.

（7）バウムガルテンの『形而上学』は、アカデミー版カント全集（第十五・十七巻）に収録されているから、以下巻数・ページ数はそれに従い、文中に明記する。

（8）この言葉は洗礼など秘跡によって教会とその頭としてのキリストとの一致を表わす言葉であって、「キリストの神秘体 corpus Christi mysticum」と言われている。教会の集合体はキリストの生命と有機的に連なっているとして理解される。したがって道徳的人格はキリストと有機的に連なる意味において単なる感性的身体ではなく、叡知的世界に属すると言ってよい。

（9）I. Kant, r. V., B. 836.

あとがき

本書は倫理学の基礎概念の一つである「ペルソナ（人格 persona）」概念が歴史的にいかに把握されてきたかという点に注目して、この語の意味の歴史的形成について考察したものである。

ところで著者がこうしたペルソナ概念の歴史的形成の研究に従事するに至ったのは、著者の若い頃からのカント研究に基づくものである。著者はかなり以前にカント研究に専念し、その研究成果として学位論文を作成し、のちに『カント倫理学研究――人格性概念を中心として――』（理想社刊、昭和四〇年）を刊行したことがある。この書はカント倫理学を「人格主義倫理学」とする立場に立って、人格および人格性概念のカント的把握の発展を彼のいわゆる批判期以前より批判期に至るまでの資料を使用して跡づけてみようとしたのである。

その後、著者はカント倫理学の研究をさらに深めるとともに、同じく「人格主義」を標榜しつつカント倫理学を形式主義倫理学と見なし、それと対決して「実質的価値倫理学」の立場から

「人格主義倫理学」を基礎づけようとしたマックス・シェーラーの倫理学研究に向かったのである。ここで著者の知りえたことは、シェーラーの重要視するペルソナ概念把握の背景には彼が明示しないにもかかわらず、中世スコラ哲学以来の伝統的なペルソナ観が支配しているということであった。シェーラーは「人格の個体性」重視の見地から倫理学の基礎を与えようとしたのである。シェーラー研究に関しては著者はその研究成果を数冊の著作に纏め刊行することができたのであるが、今日に至るまで著者の倫理学研究の中心をなしていたのはやはり「人格主義」と言われる倫理学的立場であった。

さて著者は以上のようにカント倫理学の研究以来、ペルソナ（人格）概念の究明に関心を抱いていたわけであるが、本書に至ってやっとカントの倫理思想に至るまでの「ペルソナ概念の歴史的形成」という標題の書を公刊するに至ったのである。特にカントについて言えば、彼における「理性的存在者」としての「人格」概念が豊かに形成されていく上において、いかにこの語の歴史的伝統よりする影響が顕著であったかをも知ることができたのである。さらに今後の課題としては、カント以後の思想家たちによってペルソナについての思想がどのように把握形成されていったかが残されている。

なお最後に特に著者にとってさいわいであったことは、本書において取り扱われた思想家の原典については、著者の長年所属した広島大学文学部倫理学教室の所蔵する貴重な文献を参照することができたことである。特に資料の蒐集については広島大学准教授畠中和生氏を長きに亘って煩わしたことに対して厚くお礼を申しあげたい。またこのたびの刊行に関して、カント研究の長年の友である鈴木文孝氏からは特別のご尽力を忝くしたし、出版についてはこの種の学術書出版の困難な時節に以文社の勝股光政社長には懇篤な助力を蒙り、出版を決断されたこと、ともに厚くお礼申し上げたい。

平成二十二年六月

著者

著者紹介
小倉貞秀《おぐら　さだひで》
1922年生まれ．1947年広島文理大卒．
広島大学名誉教授，文学博士．

主要著書
『カント倫理学研究』(理想社，1965年)
『価値倫理学研究』(理想社，1968年)
『マックス・シェーラー』(塙書房，1969年)
『愛の価値論的研究』(以文社，1982年)
『ブレンターノの哲学』(以文社，1986年)
『カント倫理学の基礎』(以文社，1991年)

主要訳書
シェーラー『人間における永遠なるもの』(白水社，1977年)
リンテレン『生きた精神の哲学』(以文社，1979年)
その他共著及び共訳それぞれ数編あり

ペルソナ概念の歴史的形成 —古代よりカント以前まで—
Zur Geschichte des Wortes „persona"

2010年9月15日　初版第1刷発行

著　者　小倉貞秀
発行者　勝股光政
発行所　以文社

〒101-0051 東京都千代田区神田神保町2-7
TEL 03-6272-6536　FAX 03-6272-6538
http://www.ibunsha.co.jp
印刷：シナノ書籍印刷

ISBN978-4-7531-0280-8

――――既刊書から

カント三批判書

宇都宮芳明 訳・注解

人間は言葉を持ち、言葉をつなげてものごとを考えるが、カントはこの人間の能力、つまり「理性」とよばれる能力について、それをどのように働かせたらよいかを徹底して研究した。理性は、科学的知識を求める場面だけではなく、道徳とは何か、美とは何か、神や宗教とはなにかを考える場面でも働いている。人間の自由と尊厳の確保を目指した、カントの三批判書の全訳。

純粋理性批判　上　A5判520頁・8925円　ISBN4-7531-0029-7

純粋理性批判　下　A5判528頁・8925円　ISBN4-7531-0030-0

実践理性批判　四六判424頁・4725円　ISBN4-7531-0231-9

判断力批判　上　四六判480頁・5250円　ISBN4-7531-0232-7

判断力批判　下　四六判464頁・5250円　ISBN4-7531-0233-5

道徳形而上学の基礎づけ　I・カント　宇都宮芳明 訳・注解

四六判240頁・2625円　ISBN4-7531-0234-3

大論理学　全3巻

G・W・F・ヘーゲル　寺沢恒信 訳

ヘーゲル論理学の成立史研究に生涯を捧げた訳者による画期的な訳業。明解な訳文、綿密な校訂にもとづく周到な注解と付論から成り、ヘーゲル論理学の正しい理解への道を拓く。

大論理学　1　存在論　A5判604頁・9450円　ISBN4-7531-0205-X

大論理学　2　本質論　A5判470頁・7875円　ISBN4-7531-0206-8

大論理学　3　概念論　A5判464頁・7875円　ISBN4-7531-0207-6

人倫の体系　G・W・F・ヘーゲル　上妻 精 訳

四六判400頁・4369円　ISBN4-7531-0176-4

思惟の道としての現象学　超越論的媒体性と哲学の新たな方向

新田義弘 著　四六判214頁・2730円　ISBN4-7531-0273-0